COLEÇÃO

Universidade

Luis Javier Miranda Mc Nally

Detalhes de uma História

Editora Maçônica "A TROLHA" Ltda.

EDITORA MAÇÔNICA
A TROLHA

LUIS JAVIER MIRANDA MC NALLY

Detalhes de uma História

Editora Maçônica "A TROLHA" Ltda.
Av. JK, 1.635 – sala 2 – Fone (43) 3337-1982 – Fax (43) 3326-0915
Cx. Postal 238 – CEP 86001-970 – Londrina – PR

Londrina, setembro de 2007

Obediência: *Grande Oriente do Paraná – COMAB*

Coordenação Geral:	**Conselho Editorial**
1ª Edição:	**2007**
Tiragem:	**2.000 exemplares**
Preparação e Diagramação:	**Maristela Meneghetti**
Capa:	**Ulisses R. M. Candreva**
Revisão:	**Virgínia Cristina Audi Ayres**
Impressão e acabamento:	**Artgraf Indústria Gráfica Ltda.**

Dados Internacionais de Catalogação na Publicação (CIP-Brasil)
CATALOGAÇÃO NA FONTE

M478d Mc Nally, Luis Javier Miranda.
Detalhes de uma história / Luis Javier Miranda Mc Nally.— 1ª ed.—Londrina: Ed. Maçônica "A TROLHA", 2007.
208p. ; 20,2 cm. — (Coleção Universidade).

ISBN: 978-85-7252-248-9

1. Maçonaria – Filosofia. 2. História Moderna da Filosofia. 3. Maçonaria – Doutrinas. 4. Maçonaria – Religião. 5. Maçonaria – História. I. Título. II. Série.

CDD 366.1
CDU 061.236.6

Índices para catálogo sistemático:

1. Maçonaria – Filosofia
061.236.6 (CDU)
2. História Moderna da Filosofia
061.236.6 (CDU)
3. Maçonaria – Doutrinas
061.236.6 (CDU)
4. Maçonaria – Religião
061.236.6 (CDU)
5. Maçonaria – História
061.236.6 (CDU)

EDITORA MAÇÔNICA A TROLHA

EDITORA MAÇÔNICA "A TROLHA" LTDA.
Av. JK, 1.635 – sala 2 – Centro
86020-000 – Londrina – PR
Cx. Postal 238 – CEP 86001-970
Fone (43) **3337-1982** – Fax (43) **3326-0915**

Dedicatória

Àquele que busca com sensatez a verdade.
Àquele em que o conhecimento não assusta.
Àquele que fala com a veracidade dos fatos.
Àquele que foge do "achismo", como o diabo da cruz.
Àquele Maçom.

Sumário

Prefácio

Este livro que temos a honra de prefaciar, sem dúvida alguma vem enriquecer a literatura maçônica do Brasil, revelando-nos mais um grande escritor.

O autor nos envia os originais ainda sem título. Meio a medo, iniciamos a leitura. Numa espécie de apresentação, o Maçom Luis Mc Nally começa "gritando" uma verdade que muitos, dentre nós Maçons, precisamos analisar e longamente meditar sobre as verdades que ela encerra.

> *Predizer o futuro baseado no presente é muito fácil, ninguém conhece, ninguém sabe; construir o presente com base no passado é difícil, poucos conhecem a história e quando a conhecem, pouco fazem para analisá-la.*
>
> *Nossa história* – continua ele – *começa no ano de 1717, um pouco do passado e um pouco do futuro; partindo desse ponto, quem sabe consigamos entender o que somos?!*

Do Capítulo I ao Capítulo IX, Mc Nally faz um estudo histórico relacionado ou não com a Maçonaria como ainda não vimos em nenhum historiador.

O autor se debruça sobre a Europa, focalizando especialmente a Escócia, a Inglaterra e a França. É aquela Europa castigada pela fome, pela peste, pelas guerras. Estuda rapidamente a guerra dos trinta anos, que se estendeu de 1618 a 1648, travada, conforme ele diz, "pelo Sacro Império Romano-Germano contra pequenas cidades e principados alemães".

A verdade é que a história daqueles tempos é mostrada na sua totalidade, nada ficando de fora.

O livro estuda, resumidamente, a Inglaterra parlamentarista, a França absolutista e a Questão Religiosa, sendo que esta é estudada em profundidade.

Em seguida, com o subtítulo de "Os filósofos não se sujeitam", mostrando um conhecimento satisfatório do que foram os "Colégios Invisíveis", faz uma análise das reações dos filósofos aos exageros provocados pelas Questões Religiosas.

Passeando pelas largas alamedas da filosofia o autor faz uma "revisão de conceitos", através da qual mostra não estar muito segura no que tange ao conhecimento da filosofia medieval.

No Capítulo V, Mc Nally estuda a evolução do Pensamento Filosófico. Começando pela Escolástica, passando pelo racionalismo, pelo empirismo e chegando ao humanismo.

Ao iniciar o estudo sobre a Escolástica, o autor faz o seguinte comentário:

> *Este dilema* (o autor se refere ao estudo anteriormente feito sobre o poder ascendente e poder descendente) *de qual caminho seguir, se acentua mais, com a corrente filosófica* (sic) *que hoje denominamos de Escolástica, que trabalha idéias também de pensadores não sabendo diferenciar o que seria uma questão filosófica, ou seja, secular, de uma questão religiosa, ou transcendente, mantendo amarrada a filosofia ao predomínio da fé, dogmas, isto é, religião.*

Há, aqui, um engano. Filosofia é uma coisa, Teologia é outra completamente diferente. O estudo de Deus, em filosofia, recebe o nome de Teodicéia. Qualquer dicionário ensina que Teodicéia é a parte da filosofia que trata de Deus, da sua existência e de seus atributos, ao passo que Teologia é o "tratado" de Deus. Como fui dominicano, posso dizer que no Seminário Maior, primeiramente se estuda filosofia, durante três anos; depois, durante quatro anos se estuda Teologia.

A questão da fé, a questão dos dogmas, são estudos que pertencem à Teologia. Na "Súmula contra os Gentios" – estudo teológico – Santo Tomás esclarece bem o que seja e o que não seja dogma. Diz ele:

> *As verdades que professamos acerca de Deus revestem uma dupla modalidade. Com efeito, existem a respeito de Deus verdades que ultrapassam totalmente a capacidade da razão humana, uma delas é, por exemplo, que Deus é trino e uno. Ao contrário, existem verdades que podem ser atingidas pela razão: por exemplo, que Deus existe, que há um só Deus, etc.. Estas últimas verdades, os próprios filósofos as provaram por demonstrativa, guiados que eram pelo lume da razão natural.*

A filosofia só trata daquilo que a razão pode provar. Ora, dogma é algo que só pode ser sustentado pela fé, portanto, não é matéria filosófica. O teólogo dá um exemplo que esclarece definitivamente a questão. Além do exemplo de Santo Tomás, poderemos apontar outro dogma, o da Transubstanciação, isto é, o pão e o vinho, transformados no corpo e no sangue de Jesus, na Eucaristia.

Salvo melhor juízo, pensamos que neste Capítulo, em que ele estudou os primórdios da História Moderna da Filosofia, não podia ter deixado de fora um estudo sobre as Escolas surgidas na época do Helenismo, verdadeiras pontes de ligação entre a filosofia da História Antiga e a História da filosofia medieval.

O Capítulo VII traz fatos novos para nós, uma vez que não somos historiador e nunca nos interessamos pelo que se passou na Escócia e adjacências. O pouco que sabemos refere-se apenas aos fatos maçônicos.

O livro traz uma citação do escritor Paulo Tomimatsu, dando o ano de 1140 como a época em que foi criada a corporação da fraternidade maçônica. Também é nosso pensar que o século XII é o do aparecimento da Maçonaria Operativa.

Mc Nally percorre a estrada do tempo, passando pelos

Operativos até chegar ao ano de 1717. A verdade é que ele não inventa, não acha. O livro, neste sentido, é de uma seriedade invulgar. Aliás, temos certeza absoluta que ele comunga conosco a grande verdade: "*Contra tudo e contra todos a **verdade** acaba sempre por triunfar, apesar de sua marcha lenta, penosa e, por vezes, tortuosa*".

O livro é muito bom. Se fôssemos analisar todos os seus Capítulos, talvez tivéssemos que escrever outro livro, coisa que jamais conseguiríamos fazer uma vez que não somos historiador e, muito menos, crítico literário. Lemos o livro e o relemos em certas partes e estamos aqui dando nossa opinião de leitor que muito aprendeu com o que leu.

A partir do Capítulo X, Mc Nally aborda diretamente o tema Maçonaria e o faz com inteligência e com aquele cuidado que o Maçom deve ter, lembrando que a Maçonaria é imutável na sua doutrina, mas que precisa ser adaptada aos tempos de agora.

Parabéns ao autor e, para ele, repetimos a frase tão ao gosto dos romanos: "*Nemo accipit qui non legitime certaverit*" (Ninguém recebe se legitimamente não combateu).

O médico Maçom Luis Mc Nally tem legitimamente lutado pela Ordem Maçônica, pesquisando, estudando e o resultado é este seu 5º livro, obra excelente que enriquece sobremaneira a nossa literatura maçônica.

Aí está o livro que deve ser lido por todo o Mestre Maçom digno deste nome.

Raimundo Rodrigues

Apresentação

Predizer o futuro baseado no presente é muito fácil, ninguém conhece, ninguém sabe; construir o presente com base no passado é difícil, poucos conhecem a história e quando a conhecem, pouco se faz para analisá-la.

Nossa história começa no ano de 1717, um pouco do passado e um pouco de futuro; partindo desse ponto, quem sabe consigamos entender o que somos.

Quando nos perguntamos do porquê determinado filho nascido no mesmo lar, onde todos seus irmãos são criados da mesma maneira em todos os conceitos, tentando os progenitores dar-lhe uma educação por igual e, se alguém nesta família, sai por assim dizer, desgarrado, nossa queixa se volta a uma pergunta que sempre ouvimos nesses infortúnios: onde erramos? O que aconteceu? Os criamos por igual; mas nos esquecemos de analisar que cada um é um ser independente, com sua personalidade e caráter, portanto este ser é insubstituível e não é igual àquele nascido do mesmo ventre para ocupar o espaço no mesmo lar. Portanto devemos aceitar que a formação de alguém que nos é legada por herança genética, deve ser tratada como ser independente.

Partindo dessa observação, temos que considerar que cada agremiação, seja qual for, também se torna um legado independente das pessoas que a formam e não podemos tratar a todos da mesma maneira, posto que pessoas que a compõem, embora coexistam em um fator comum, a maneira de pensar, agir, muitas vezes é diferente, a maneira de alcançar um objetivo pode seguir diferentes caminhos. A maneira de agir dentro e fora de agremiações é dependente da personalidade, caráter e história dessa pessoa, o que sendo relevante para alguns não é para outros; conseqüentemente, isto leva às diferenças de opiniões, que por sua vez pode levar à insensibilidade, discórdia.

Essas diferenças observadas e não compartilhadas (o grande problema do "eu estou certo"), sejam elas de caráter político, religioso, ou mesmo de caráter social, recreativo, conseqüentemente levam ao que denominamos de "racha". Quando problemas fazem parte do grupo, muitos preferem abandonar o navio a procurar soluções, porque na procura de soluções temos que ceder ou dar algo nosso em troca do bem-estar global, mas o egoísmo falando mais alto impera, preferindo soluções mais fáceis, entre elas, seguir outro líder com idéias mais próximas às quais convivem em nossa personalidade, ou seja, preferimos abandonar o barco, do que tratar de contribuir para que não afunde.

Exemplos? Muitos: no ventre do catolicismo nasce o protestantismo; dos partidos políticos, nascem outros semelhantes, mas independentes; das organizações sociais diz-se o mesmo. Estes que se separam criam formas semelhantes a sua herança, mas com outra personalidade, e as pessoas por estas compostas vão moldando a forma que ora aceitam, formando novos agrupamentos, mas reconhecendo que no futuro novas separações invariavelmente acontecerão, moldando a história conforme novos conceitos.

Pode-se dizer que novas formas de problemas estão a nossa frente, tentamos soluções de uma problemática perene, mutações constantes estão sempre presentes, que exigem novas formas de adaptação, novas roupas que mudarão no futuro de conceitos conforme o tempo passa, criando novos valores ou reforçando os já existentes, novas formas, novas maneiras de pensar e agir.

Quando o tempo passa, esquecemos de onde viemos, achando que sempre aqui estivemos, formando idéias pétreas do que somos e agindo na maioria das vezes como autômatos, nos ritos criados para sustentar e facilitar o trabalho onde estamos inseridos.

Essa é nossa sociedade, esses somos nós, seres em constante evolução fazendo parte de algo que nossa personalidade aceita e sabemos conviver com nossos pares, dando de nós, recebendo deles, mas sempre numa harmonia para o bem-estar do grupo que aceitamos escolher, até que novamente outros inseridos pelo tempo não mais aceitem, continuando o círculo que teve um começo, até que em um tempo qualquer a evolução faça perder a identidade de suas origens.

Se nossa história teve um começo, qual seja 1717, devemos presumir que teve uma evolução, teve um passado, devemos presumir que ela foi criada conforme o ambiente social, religioso, filosófico, político de sua época, devemos aceitar uma personalidade oriunda de um pensamento presente dentro de um contexto social para a época.

Vamos garimpar essa história para tratar de entender os que foram, e do porquê assim somos e aonde queremos ou pretendemos chegar.

Irei me ater a fatos que acredito serem relevantes abrangendo toda uma gama de situações, não de maneira acadêmica de evolução, mas de formas colhidas, aqui, ali, acolá, e tratar de juntar tudo para compreender nossas origens.

Fatos que, como sabemos, quando se trata de história e quando a paixão se envolve com a história, invariavelmente o Mito se faz presente, caminhando junto com a história. O Mito é uma parte da história, assim podemos dizer que a história como ciência não seria ciência, se o Mito não a acompanhasse; a história é objetiva, o Mito é a subjetividade de uma personalidade social enxertada na época. Dito de outra maneira, não podemos simplesmente descartar o Mito, para dar lugar à história, temos sim que interpretar o Mito para podermos melhor entender a história. O Mito é a alma do povo, é donde nascem os ritos; o Mito é caminho da história, atrás do mito a história se encontra. Quantas vezes temos de entrar no Mito para encontrar a história?

Entre nós, Raimundo Rodrigues em seu "Curso de Filosofia", teve a felicidade de nos colocar com tamanho acerto o entrecruzar-se o Mito com a realidade histórica quando nos coloca:

> *Uma coisa é certa: o homem sempre quis saber quais eram as origens do Universo e sua própria origem. Na maioria das vezes, propôs explicações engendradas pela imaginação, influenciadas pela crença dos deuses. É própria, é natural do homem essa vontade ardente e insopitável de conhecer, é o único caminho que o homem tem para ir em busca da realidade. O primeiro caminho antes de qualquer outro é o mito.*

Estou propondo a construção de um cristal, são vários elementos não nobres que entram em sua construção, como areia, por exemplo, para que depois o fogo e principalmente o artífice, lhe dê o acabamento de embelezamento e possa ser admirado.

A constatação científica é uma fase de nossa história; todavia criam-se Universidades, para alojar e reproduzir conhecimento da história; destes templos do saber se fazem os escorços da humanidade, logo esta palavra ***universalis*** *também está fora do contexto lingüístico de seu significado, o conhecimento universal, não mais é universal, apenas um ramo do galho, de um tronco dividido, cada ramo do saber que nela entrava ia se desmembrando em outros galhos, cada ciência gerando mais outra, assim como o telescópio, o que antes na observação a olho nu via-se uma rocha grudada no céu, agora sabemos que a rocha-lua possuía vales, crateras.*

Verdadeiras incursões se fazem na antropologia da filosofia, trazendo para o renascer da história os filósofos de séculos antecedentes.

É uma nova visão do mundo, deixando o empirismo de lado para entrar na especulação científica, não mais aceitando o dogma religioso como resposta às dúvidas traçadas, embora muito sangue, causado pela tortura, muito cheiro de carne queimada causado pela fogueira da Inquisição, muitas prisões abarrotadas de pensadores, querendo com isso também deixar atrás das grades os pensamentos emergentes de uma sociedade que queria respostas, não mais imposições de nenhuma índole.

É nesse contexto que nasce a Maçonaria, com uma história muito simples, pois contarei uma história apenas de evolução social que nos acompanha em todos os nossos aspectos de sociedade como um todo, história esta que pode ser encontrada em qualquer livro; mas ao mesmo tempo tão complexa para nossos dias, por não termos registro de quase nada do que aconteceu, e o Mito a acompanha como sombra de um luar, muitas vezes se conjugando sem entendermos onde está o Mito, onde começa ou acaba a história nessa sociedade da Maçonaria Moderna.

Usando as palavras dos pesquisadores Michel Beigent & Richard Leigh, no início do capítulo X de seu livro "O Templo e a Loja – O Surgimento da Maçonaria e a Herança Templária", 2005:

> *Em sua forma atual, a Franco-Maçonaria remonta, especificamente, ao século XVII. De fato ela é um singular produto do pensamento e das circunstâncias do século XVII, uma síntese das multiformes idéias e percepções causadas pelas convulsões da religião, na filosofia, na ciência, na cultura, na sociedade e na política ocidentais. O século XVII foi um período de cataclísmicas mudanças, e foi como uma resposta a tudo isso que a Franco-Maçonaria se cristalizou.*

As palavras: talvez, quem sabe, é possível, dedutível, inferência, são preponderantes como protagonistas deste contexto.

Quero assim torná-lo co-partícipe neste projeto.

Divaguemos com a imaginação quando o elo da corrente se perde, mas de maneira lógica e seguindo uma evolução coerente da história, mas jamais usemos nossa imaginação para inventar, e evitemos desta maneira o "achismo" inoportuno e destrutivo, que a vaidade reclama para si.

Apresentação dos Editores

História. Como garantir que os fatos contados e que atravessam os véus dos tempos, aconteceram realmente da maneira que chegam até nós, ou, que por vaidade, interesses pessoais, políticos, religiosos, sociais tenham sofrido alterações para ser adaptados à compreensão ou ao ideal de quem o descreveu? Mitos, pequenas mentiras, erros nas cópias e nas traduções, como podemos então acreditar nesta vastidão de material recebido por nós, alguns bem documentados outros nem tanto? E a interpretação destes documentos é a verdadeira ou a que sugere ser? Porque muitas vezes eles estão rotos, apagados, semidestruídos e precisam de releituras e mais releituras.

E é isto que o autor traz aqui, história! Onde ele busca a linearidade nos acontecimentos que unem a história geral à maçônica.

Muitas das questões relacionadas ainda darão muito que falar, por muitos e muitos séculos. Para cada véu que cai, existem muitos outros ainda por cair. Um autor que permite ao prefaciador expor o seu pensamento, sem censura, mesmo contradizendo-o.

É justamente isso que o autor quer estimular àqueles que o lerão: debater, questionar, vislumbrar a história maçônica com uma visão mais ampla, menos preconceituosa e mítica.

Neste livro, Luis Javier de Miranda Mc Nally oportuniza o leitor a procurar as muitas vertentes históricas que surgem dia a dia, sem estancá-las e nem acatá-las plenamente, só observando aonde irão levar e se há fundamento nelas.

Londrina, setembro de 2007.
Os Editores

CAPÍTULO I

Fome, Guerras, Peste, Incêndio

Partindo de nosso ponto (1717), os acontecimentos históricos sociais que antecederam são de extrema importância, para nós conhecermos melhor.

À época que nos referimos e para nosso interesse objetivo ao qual vamos nos ater, fazem parte deste contexto três países de relevância histórica, qual sejam: Inglaterra, Escócia e França; todavia não podemos nos afastar do contexto global e mais especificamente regionalizado da Europa em transição da época medieval para a modernidade.

O mundo em que vivemos está em uma constante harmonia, quando o equilíbrio é alterado a desarmonia se instala, para depois de tanto sofrimento, trabalho, volte a ser harmônico.

Lutas insanas foram travadas, em resposta ao desequilíbrio formado por fatos que na grande maioria das vezes fogem da análise da pessoa comum; assim foi a guerra dos Trinta Anos (1618-1648) travada pelo Sacro Império Romano-Germano contra pequenas cidades e principados alemães; estes principados tinham apoio da Suécia protestante. O objetivo primordial de Ferdinando II, da família dos Habsburgo era restaurar em uma só bandeira, político-religiosa, o poder que outrora tivera Carlos Magno, nos idos dos anos 900.

Quando Ferdinando expulsa os não católicos dos postos públicos na Boêmia, começa o conflito religioso, para depois tornar-se político, devastando grande parte da Europa em lutas assassinas, auxiliados pela pólvora que faz o *intróito* nos campos, alimentando o solo, com o adubo do sangue derramado por aqueles que lutavam sem saber do porquê o faziam; ou lutando pela recompensa dos saques, espólio de guerra freqüentemente usado pelos exércitos, como pagamento a seus mercenários. Como estimativa, na Alemanha, as perdas de vidas foram de 20%. Cidades que na época do começo do conflito, como o ducado de Wurtemberg, com 450 mil almas em 1620, caiu para 100 mil habitantes em 1639 (História em Revista 1600-1700, Time-Life Books, 1992).

Oliver Thomson em seu livro "A Assustadora História da Maldade", 2002, nos relata:

> *Esta guerra em particular trouxe, porém, seu próprio nível de brutalidade. Quando acabou, em 1648, tantos haviam morrido que o Kreistag de Nuremberg votou pela legalização da bigamia.*

O conflito oficialmente acaba no ano de 1648, com o Tratado de Vestfália, que marca também o nascimento de estados modernos, perdurando ainda cicatrizes por mais dois séculos de ressentimentos e lembranças.

A história do conflito passado se faz novamente presente quando uma cicatriz é aberta com a desculpa do assassinato do duque Francisco Ferdinando, estopim da Primeira Grande Guerra (1914-1918), onde novamente a Europa se vê envolvida em matança fratricida; finalizando este conflito com o Tratado de Versalhes.

As brasas desse conflito continuaram acesas embaixo de um manto de cinzas, persistindo até nossos dias, com a carnificina que assistimos em cores e ao vivo em nossos aparelhos de TV, que os historiadores chamam o conflito dos bálcãs (Sérvia, Montenegro, Bósnia...), continuando com os massacres perpetuados, primeiro de ordem política e logo depois por motivos de crença religiosa.

Sem dúvida que o século XVII é para a história como foi o século VI a.C.. Novos conceitos começam a fazer parte da vida social como um todo, na religião a ideologia protestante dá uma nova roupagem aos ensinamentos do líder chamado Cristo, entre outras. Por iniciativa de Lutero a Bíblia agora pode ser lida por todos e não apenas pelo clero; seja nas questões do rito, com mudanças da forma de agir perante o transcendente, mas permanecendo o dogma do Homem-Deus.

Estas novas doutrinas vêm preencher espaço numa lacuna de descontentes, seja no poder temporal, competindo até esse momento com o catolicismo; seja em uma nova luz para o povo que começa a encontrar eco de um grito abafado de liberdade; na industrialização da matéria-prima e no deslocamento da massa trabalhadora da agricultura, para as cidades; mudanças no pensamento filosófico, permitindo-se os primeiros passos para a liberdade intelectual; mudanças no conceito de Estado, na entrada do ator revolucionário de inspiração religiosa, mas com motivação política, Oliver Cromwell, na Inglaterra monárquica.

Enquanto estes conflitos de ordem político-religiosa aconteciam, lentamente a Europa procurava encontrar *Ordo ab Chao*, *Ordem no Caos* – com o princípio do Caos nasce a Luz.

A fértil imaginação do ser humano leva ao crescimento dos valores filosóficos, encontrando dentro do absolutismo fórmula de valores.

Passando uma revista sintética deste século e arredores:

Na cidade de Roma, no ano de 1590 é fundada a *Accademia dei Lincei*, primeira Academia que reúne os cientistas antes dispersos. "...*Accademia del Cimento*, que funciona em Florença desde 1651, a qual se destacou por ter semeado os primeiros observatórios meteorológicos do mundo por vários países da Europa, equipados com os termômetros recém-inventados por Galileu e com o barômetro também recentemente criado por Torricelli."[1]

---

[1] Discurso do presidente da Academia Brasileira de Ciências Eduardo Moacyr Krieger, para os novos acadêmicos empossados no ano 2000 (www.abc.org.br).

A Academia de Londres surge no ano de 1645, seguida pela de Paris em 1666, depois a de Berlin em 1700. Nos Estados Unidos da América, na cidade de Massachusetts, nasce a Universidade de Harvard, a mais antiga desse país.

A primeira Iniciação Maçônica registrada na Inglaterra é de *sir* Robert Moray no ano de 1641, na antiga *Mary's Chapel Lodge* de Edimburgo. Este senhor é visto como o Maçom típico na ocasião de sua Iniciação, ou seja: interessado em alquimia galgou posicionamentos na hierarquia militar da famosa Guarda Escocesa, estava ligado diretamente aos reis Carlos I e II. Procedente de família nobre, freqüenta salões onde o rosacrucianismo se espalha pelo continente, os Colégios Invisíveis estão em voga; enfim este era um protótipo participativo dos acontecimentos que o século XVII produzia, sendo também o primeiro presidente da Sociedade Real.

Outro personagem que aparece nos anais da Maçonaria inglesa e perdura até nossos dias é Elias Ashmole, nascido em 1617, monarquista que serviu ao rei Carlos I, fervoroso alquimista e astrólogo, mantendo contato com os Colégios Invisíveis, onde faziam parte Robert Boyle, Christopher Wren, e outros membros fundadores da Sociedade Real, freqüentadores de círculos Rosa-cruz, morrendo em 1692. Conheceu a glória em sua época, também como filósofo e cientista; foi Iniciado como Franco-Maçom em 1646, portanto cinco anos após ter sido Iniciado Robert Moray. Isso está registrado em seu próprio diário:

> *15 de outubro de 1646, 16:30hs. fui feito Franco-Maçom em Warrigton, Lancashire com Coll: Henry Mainwaring de Karicham, em Cheshire.*[2]

Na criação da Sociedade Real em 1661, tendo como patrono e companheiro o rei Carlos II; mais tarde Isaac Newton se tornou companheiro, ocupando em 1703 a presidência até sua morte em

---

2 Michel Baigent e Richard Leigh. "O Templo e a Loja", citando o diário de Ashmole.

1727. Vejamos o que nos relatam em seu livro "O Templo e a Loja" os pesquisadores Michel Baigent e Richard Leigh:

> *Durante a presidência de Newton e em seguida à sua morte, a superposição entre a Sociedade Real e a Franco-Maçonaria haveria de ser particularmente marcante. Naquela época, a Sociedade real contava com o famoso Cavaleiro Ramsay (...). Também faziam parte dela James Hamilton, lorde Paisley, conde de Abercon [foi Grão-Mestre da Maçonaria inglesa]... duque de Lorraine, e mais tarde esposo da Imperatriz Maria Thereza da Áustria, ele Iniciara Frederick, príncipe de Gales, que havia sido capelão.*

Este século foi um fervilhar o pensamento humano em matemática, geometria, hermetismo, ciência, filosofia, neoplatonismo, rosacrucianismo; certamente nem todos eram Maçons, nem todos eram Rosa-Cruz, mas certamente estavam inseridos no círculo que fazia parte seu dia-a-dia.

Neste século estão presentes: Spinoza, Baruch de Spinoza (1632-1677), verdadeiras batalhas filosóficas são travadas nos termos em que Spinoza digladia seus pensamentos, *atributo, modo e substância.* Condenado por sua própria religião, o judaísmo, é excomungado, por fazer de Deus uma extensão da matéria; traduz uma linha de pensamento da racionalização da metafísica pela filosofia. Estes conceitos vistos por Spinoza, como o fundamento da procura da verdade via metafísica, contesta Descartes. René Descartes (1596-1650) é considerado o fundador da moderna filosofia, por ter rompido com a Escolástica. Descartes parte do homem, mais especificamente da matemática, para alcançar entendimento de Deus, usa o termo referindo-se a Deus como o "Grande Geômetra", "Arquiteto do Universo", colocando Deus no lugar supremo das leis da matemática e geometria. Formula o que viria ser o método científico, quando escreve em seu livro "Discurso do Método", 1989:

> *O primeiro era de nunca aceitar coisa alguma como verdadeira sem que a conhecesse evidentemente como tal; evitar*

> *cuidadosamente a precipitação e a prevenção, e não incluir em meus juízos nada além daquilo que se apresentasse tão clara e distintamente a meu espírito, que eu não tivesse nenhuma ocasião de pô-lo em dúvida.*
>
> *O segundo, dividir cada uma das dificuldades que examinasse em tantas parcelas quantas fosse possível e necessário para melhor resolvê-las.*
>
> *O terceiro, conduzir por ordem meus pensamentos, começando pelos objetos mais simples e mais fáceis de conhecer, para subir pouco a pouco, como degraus, até o conhecimento dos mais compostos; e supondo certa ordem mesmo entre aqueles que não se precedem naturalmente uns aos outros.*
>
> *E, o último, fazer em tudo enumerações tão completas, e revisões tão gerais, que eu tivesse certeza de nada omitir.*

Esta formulação é o que se chama na atualidade do "cartesianismo", embora o Método que Descartes descreve seja – como ele mesmo disse – uma reflexão interna, uma orientação para si mesmo, a ciência o toma emprestado persistindo até nossos dias.

Na máxima, "penso logo existo", Descartes se dá conta que nada há de tão verdadeiro que julgou "...que podia admiti-la sem escrúpulo como o primeiro princípio da filosofia que buscava".

Outros participam dessa safra de sapiência como Galileu Galilei (1564-1642), mais um dos racionalistas, criador da mecânica moderna, afirmando que a "natureza está escrita em linguagem matemática".

Isaac Newton (1643-1727) também dá sua contribuição quando estuda os trabalhos de Johannes Kepler (1571-1630). Demonstra as três leis básicas do movimento dos planetas, inspirado na teoria de Copérnico do heliocentrismo – o Sol é o centro dos planetas e não a Terra. Newton avança nos estudos de Kepler sobre a teoria gravitacional, formulando a teoria da gravidade, eliminando de vez o "trabalho" de Deus para manter os mundos unidos, necessitando apenas das leis da física para realizar esta ciclópica tarefa.

Galileu, Kepler e Newton concebem então o universo como algo natural, não divino, podendo auto-subsistir, regido por leis gerais que a ciência pouco a pouco iria descobrir, sendo portanto uma realidade dinâmica. Isto leva como conseqüência a um deísmo, substituindo o Deus onipresente em todos os acontecimentos naturais e humanos, por um Deus não antropomórfico, mas como princípio ordenador universal, criador de suas leis, mas que não intervém o Deus "arquiteto do universo". Primeiro passo para a "humanização" de Deus que depois – como iremos ver adiante – o humanismo o toma emprestado para formular que o centro do universo é o homem.

Não podemos esquecer dos trabalhos de Christian Huygens (1569-1695), referente à teoria de ondulação da luz, aproveitada por Newton para nos levar à moderna física da óptica. Newton também foi o que deu os primeiros passos para o cálculo infinitesimal, descoberta realizada por Leibniz, partindo de um princípio eminentemente filosófico da continuidade formulado por Hobbe, como movimentos infinitamente pequenos, ou transição de um ponto para outro passando por inúmeras pontes para chegar a um destino. Leibniz morre em 1716, acreditando que poderia conciliar ciência, filosofia e teologia, por intermédio de partículas divinas que chamou de mônadas, partículas harmônicas e de inteligência divina.

Nesta efervescência de saber, Pascal (1623-1662), inventor da primeira calculadora manual, vem separar de vez o sentimento que pertence ao coração, da ciência filha da razão, quando simplesmente declara: *"O coração tem razões que a própria razão desconhece"*.

Mas nem tudo era um mar de rosas. Descartes é contestado por Pierre Gassendi (1592-1655), dizendo que os sentidos são a singularidade do conhecimento, embora como matemático Gassendi não negue a razão, mas apenas como método dedutivo.

Na pintura encontramos Rembrandt (1606-1669), que empresta de Caravaggio, Michelangelo Merisi (1573-1610) a forma clássica da pintura deste, no uso do claro e o escuro. Rembrandt usa das sombras e luzes, para dar formas às personagens criadas nas telas.

Existe em Rembrandt a tendência ao retratismo em detrimento da pintura religiosa, prediletas de Caravaggio. Contemporâneos de Vermeer, que pinta cenas urbanas, este, um maestro do contraste da luz e sombras. Na Espanha, Velásquez retrata a corte madrilena.

A literatura não fica atrás, nesta embarcação embebida de saber científico, arte, política, enfim, mudanças, preparando a história para entrar em um novo ciclo que repercute ainda em nosso tempo.

O espanhol Miguel de Cervantes (1547-1616) se acha representado com sua famosa obra "Dom Quixote", obra-prima da literatura gótica que abre caminho para a moderna literatura, fazendo de seus protagonistas, Dom Quixote e Sancho Pança, a ambigüidade do ser na dualidade da espiritualidade e senso de justiça com aquele, o materialista e rude para com este.

Jean de La Fontaine (1621-1695), faz das fábulas um renascer na literatura francesa, perdurando até nossos dias como "A cigarra e a formiga", entre outras.

Sem dúvida, o representante da literatura mundial, o mestre dos mestres na comédia e na tragédia, considerado o maior dramaturgo da literatura universal, foi Willian Shakespeare (1564-1616); todavia saindo de cena fisicamente no ano de 1616, sua obra permanece tão bela e atual como antes, enchendo teatros quatro séculos depois. Entre 1600 e 1608, estão as obras que o tornam um ícone na literatura mundial: *Macbeth*, *Rei Lear*, *Hamlet*, *Otelo*. Todavia, se diga que Shakespeare não seja autor dessas obras, atribuindo-as ao filósofo e político *sir* Francis Bacon (1561-1626), "o profeta de era industrial", que, usando o nome de Willian Shakespeare, para se esconder "*...cavalariça iletrado [Shakespeare] e um ator cujo nome foi usado para disfarçar os escritos políticos radicais de uma sociedade secreta elisabetana que incluía, Bacon, sir Walter Raleigh e Edmund Spencer*" ("O Governo Secreto". Jim Marris. 2005. Pág. 242).

No teatro, o francês Moliére, Jean-Baptiste Poquelin (1622-1673), com sua forma mestra em transar os opostos. Lopes de Vega na Espanha (1562-1635), conhecendo a glória em vida, em seu acervo de 426 comédias, e pela grande quantidade de escritos foi chamado por Cervantes de "monstro da natureza".

Não podemos esquecer na música Corelli, Arcângelo Corelli (1653-1713). A ele devemos a importância do violino nas orquestras, bem como o aperfeiçoamento das sonatas e o concerto grosso, seguido por Haendel, Georg Frederich Heandel (1685-1759), contemporâneo de Johann Sebastian Bach (1685-1750), que em conjunto com Vivaldi dão nova forma à música, o assim denominado tonalismo, onde se usa toda gama de tonalidade a ser usada no instrumento de teclado.

Não existem mudanças sociais se não existirem mudanças na política, mas para que sejam efetuadas as mudanças que a sociedade quer, tem que estar em evidência.

Não se pode descrever o século XVII em suas mudanças permanentes na literatura, filosofia, religião, economia, sem falar em Armand-Jean du Plessi (1585-1642), que depois passa se chamar Richelieu, cardeal, que faz da política sua paixão pessoal, homem que mantém a ferro e fogo os destinos da França, no reinado do Rei ausente, Luís XIII, rompendo por definitivo o poder feudal, em luta perene com os nobres, para dar à monarquia poder absoluto. Tem em Maquiavel – o gênio da ciência política – seu principal conselheiro na leitura de suas obras póstumas. Com Richelieu a França alcança o clímax na Europa, não tendo escrúpulo para tal, afogando em sua ordem a ética em todos os campos para alcançar o objetivo do poder, inclusive com a aliança com os protestantes – ele cardeal – na guerra dos Trinta anos.

Em contraposição, na Ilha, se encontrava outro político guerreiro, de grande envergadura de caráter, de uma rigidez disciplinar que fez dela sua aliada. Estou me referindo a Oliver Cromwell (1599-1658); assim como Richelieu foi para a França, Cromwell foi para a Inglaterra. Richelieu fortalece a monarquia absolutista; Cromwell, pelo contrário, derruba o Rei Carlos I, o manda para a forca e fortalece o parlamento.

Da pena dos filósofos, nasce o pensamento do povo. Tênue no

começo, enaltece o que vêm a ser as mudanças proclamadas pelo povo, levando em consideração a máxima: a voz do povo é a voz de Deus. Eles – os filósofos – representam essa voz, interpretando o que do povo emana, posto estes estarem inseridos no seu contexto social. Assim foi com Hobbe, Locke, La Fontaine, Bacon, que adiante veremos.

Paradoxalmente, a Europa está coberta por um manto de incerteza, medo e aflição.

Estas mudanças, associadas à devastadora mortalidade que fazia as guerras, deslocando o trabalhador da enxada, para o soldado de mosquete e espada; a mortalidade da peste negra no século XIV, que deu entrada nos portos sem serem convidados os ratos clandestinos nos navios, como moeda de troca, arrasando sem necessidade da pólvora, milhões de pessoas, ceifando cabeças fidalgas ou famintos trabalhadores – estimativa, apenas estimativa, que pereceu mais de um terço da população européia –; portos onde também entravam os tesouros roubados em nossa América; as especiarias vindas das Índias Orientais.

A Europa estava em crise. Maurice Crouzet em seu livro "História Geral das Civilizações", volume 9, 1955, assim escreve:

> *O século XVII é a época de uma crise que afeta o homem todo, em todas suas atividades, econômica, social, política, religiosa, científica, artística e em todo o seu ser, no âmago de seu poder vital, da sua sensibilidade e da sua vontade. A crise é permanente, se é lícito exprimir-se assim, com violentas variações de intensidade. Tendências contraditórias "coexistem longamente, misturadas, amalgamando-se alternativamente e combatendo-se (umas contra as outras), sem que seja fácil discernir peripécia ou data decisiva neste amálgama". Não só coexistem na mesma época na Europa, mas ainda no mesmo Estado, no mesmo grupo social, no mesmo homem, contraditórias e dilaceradas.*

A Europa estava perdida em uma floresta impenetrável, não sabia qual caminho seguir. Exploração do homem pelo homem; fome; mortes que não conseguindo explicar sua origem, enalteciam o sentimento religioso em cada grupo, em cada pessoa, alimentada pelos oradores inescrupulosos (todavia estes não conhecendo também as causas), enaltecendo as consciências dos incautos, sendo que generosamente embutiam neles o fanatismo, podendo até matar em nome de Deus (como se faz em nossos dias), os hereges que não comungassem com suas idéias.

Neste período a Europa está imersa numa noite tropical sem brisa, nada se move. Os fantasmas andam soltos protegidos pelo negror das trevas noturnas; o som e o canto estão imersos no mais profundo silêncio; o pensamento no futuro apenas está na morte que têm que chegar, ora pela peste, ora pela espada, ora pela fome.

Os construtores de catedrais não têm mais inspiração, ninguém pode pagar seu ofício, muitos morreram e com eles desaparecem os muitos segredos alquímicos que outrora revestiam o baixo relevo das catedrais de Notre Dame (França), Spira (Alemanha), Durhan (Inglaterra), entre muitas que hoje as classificamos por períodos: românicas, góticas.

Os segredos dos construtores das catedrais os *free-masons,* se ocultam ou desaparecem junto com os artífices de uma arte secreta, inspirada na sapiência de outrora. Perde-se a origem simbólica de como eram construídas as catedrais, abadias, colegiatas, construções estas que quase invariavelmente consistiam na forma de uma cruz latina deitada no chão que, segundo Fulcanelli, a cruz é o jeroglífico alquímico do crisol, é no crisol que Cristo morre para ressuscitar, depois transformado, purificado espiritualmente. Desta maneira também o viam os antigos *free-masons*; essa simbologia transformada no dia de hoje numa iniciação transcendente e temporal, no simbolismo da morte profana, para renascer na alquímica da pureza do crisol.

> *A Reforma religiosa termina com as construções de grandes catedrais góticas por parte da igreja, os reis e os nobres, marcando a decadência da Companhia de Maçons.*[3]

---

[3] www.geocities.com/athens/forum/9991/londres/html
Transcrição feita com o título: La Compañia de Londres. Del libro "La Piedra Franca". José Schlosser. Logia de Perfección "Unión Fraternal # 10". Del Supremo Consejo del Grado 33 y ultimo del R.E.A. y A. Tel Aviv. Israel.

Perde-se a origem do porquê a marcha do ocidente para o oriente dos *free-masons*. Nos dias de hoje cita-se referência de um Templo construído por Salomão, que segundo alguns autores (Ângelo Spoladore) ainda não se sabe se realmente existiu. Procuramos encontrar alguma coisa em qualquer lugar, esquecendo que as catedrais nos dão a resposta viva.

Fulcanelli, em "O Mistério das Catedrais", 1998, nos relata:

> *Todas las Iglesias tienen el ábside orientado hacia el sudeste; la fachada, hacia el noroeste, y el crucero que forma los brazos de la cruz, de nordeste a sudoeste. Es una orientación invariable, establecida a fin de que fieles e profanos, al entrar en el templo por Occidente y dirijirse en derechura al santuario, miren hacia donde sale el sol, hacia Oriente, hacia Palestina, cuna del cristianismo. Salen de las tinieblas y se encaminan a la luz* (Todas as igrejas têm a abside com orientação para o sudeste; a fachada, para o nordeste e o cruzeiro que forma os braços da cruz de nordeste a sudeste. É uma orientação invariável, estabelecida para que os fiéis e Profanos, quando adentrarem ao Templo pelo ocidente e dirigindo-se direto para o santuário, estejam dirigindo-se por onde sai o sol, o oriente, olhando para a Palestina, berço do cristianismo. Sair da escuridão caminhando para a luz).

Mais adiante o mesmo autor (Fulcanelli), nos leva dentro da catedral de *Notre Dame*, para nos contar sobre os baixos relevos, encontrados no pórtico do juízo, onde os Maçons operativos, seguindo seu costume de fazer no símbolo o estudo da filosofia hermética para aqueles que estão preparados em senti-la. Ele assim nos relata:

> *El pilar central, que separa en dos el vano de la entrada, ofrece una serie de representaciones alegóricas de las ciencias medievales. De cara a la Plaza – y en lugar de honor –, aparece la alquimia representada por una mujer cuya frente toca las nubes. Sentada en un trono, lleva un cetro – símbolo de soberanía – en la mano izquierda, mientra sostiene dos libros con la derecha uno cerrado (esoterismo) y el otro abierto (exoterismo). Entre sus rodillas y apoyada sobre su pecho, yérguese la escala de*

> *nueve peldaños* – scala philosophorum –, *jeroglífico de la paciencia que deben tener sus fieles en el curso de las nueve operaciones sucesivas de la labor hermética* (O Pilar central, que separa em dois o vão na entrada, apresenta uma série de representações alegóricas das ciências medievais. Em frente a Praça – e num lugar de honra – aparece a alquimia representada por uma mulher que com sua fronte toca as nuvens. Sentada em um trono na mão esquerda leva um cetro – símbolo da soberania, na mão direita repousam dois livros, um cerrado – esoterismo – e outro aberto – exoterismo. Entre os joelhos e apoiado em seu peito ergue-se a escala de novos degraus – *scala philosophorum* – caráter simbólico da paciência que seus fiéis devem possuir no trabalho hermético das nove operações sucessivas).

A *guilda* dos construtores era formada por pessoas que faziam também do estudo filosofal um caminho. Naquilo que construíam, uma forma de esconder em símbolos, coisas que poderiam, por ignorância de grupos religiosos prepotentes e anacrônicos, ser tachados de bruxos, que era por sua vez sinônimo de herege, sinônimo de morte na fogueira.

Em cada construção se encontram simbolismos esotéricos, passados verbalmente entre seus pares de maior progresso na arte de construir; digo verbalmente porque não existe escrito de suas reuniões, apenas sabemos por analogia que eram ocultas, analogia esta que podemos observar em seu caráter esotérico, nos símbolos deixados nas construções que realizavam.

Muitos e muitos exemplos existem sobre o caráter esotérico de suas construções, como acima vimos, desde um começo no planejamento do edifício de como deveria ser construído, até as gravuras encontradas nas pedras, passando pela maneira de como se deve entrar para poder receber a luz, ou seja, do ocidente para o oriente, à procura do Jerusalém Celeste. Legado que nos deixaram no estudo simbólico da atual Arte Real.

A redescoberta de Platão, formando o mundo neoplatônico, faz surgir no mundo dos símbolos a interpretação de suas alegorias.

O clímax da busca platônica do oculto em geral, assim como a alquimia, foi por volta de 1600. Quase por definição, a busca pelo oculto implicava segredo. O filósofo buscava a compreensão das forças espirituais ocultas ou secretas do universo, e embora o conhecimento atingido devesse ser utilizado para o benefício de toda a humanidade, ele não podia ser comunicado a todos os homens. Era procurado secretamente por alguns indivíduos até de pequenos grupos de pequenos adeptos, culminando em um verdadeiro "culto de sociedades secretas. O segredo associado às Lojas Maçônicas surgidas na Escócia do século XVII era, em parte, um legado do passado medieval..." (David Stevenso, "As Origens da Maçonaria", o Século da Escócia, 1590-1710. 2005).

Neste século houve uma verdadeira explosão das sociedades secretas, dos símbolos e emblemas. Adiante veremos como isto foi trazido do oriente para o ocidente por intermédio dos cruzados, e mais especificamente pelos templários.

O simbolismo maçônico pode estar ligado a este século, bem como seus rituais misteriosos, na iniciação realizada de seus membros para fazerem parte da confraria, no ocultismo que se fazia necessário para resguardar-se do conflito do esoterismo com a religião oficial vigente, anacrônica e ditatorial.

A preocupação não era só com a simbologia da construção, mas também do estudo constante da geometria, resgatando o passado, evoluindo com a arquitetura, e para isto acontecer estes homens tinham que ser letrados, conhecedores de sua arte, na preocupação de deixar para a história os ícones alquímicos encontrados nas pedras trabalhadas.

Por mais que se perca, sempre fica alguém para contar a história.

A Enciclopédia Barsa nos dá uma luz de quando começa a haver uma "parceria" entre a burguesia em ascensão que tem seu apogeu no século XV.

Em oposição ao isolamento da abadia românica, a catedral, expressão arquitetônica mais típica do gótico, nasceu no centro das cidades. Para sua edificação contribuíram burgueses e artesãos, aqueles com o financiamento, estes com a arte e a técnica. Tratava-se, portanto, do resultado de um esforço coletivo numa sociedade em mudança, de tal modo que, à medida que a riqueza da cidade crescia, aperfeiçoava-se a técnica construtiva e a decoração da catedral, que se convertia em símbolo de prestígio de seu próprio núcleo urbano.

Talvez o golpe de misericórdia, para as *guildas* de construtores, bem como das sociedades esotéricas nelas inseridas, foi causado pelo incêndio de Londres, no dia 2 de setembro de 1666, com duração de cinco dias, consumindo grande parte da cidade. A imensa tarefa de reconstrução não era possível para pessoas encarregadas de construir obras singulares de envergadura, a urgência da reconstrução era necessária, mais de 13 mil casas e prédios foram consumidos pelo fogo. Entre esses prédios incinerados, estava a casa onde antes era o Convento da Sagrada Trindade na rua *Basighall,* adquirida pela *Livery Company of Mason,* no ano de 1562, onde provavelmente também se queimou a Carta Real outorgada em 1481; carta esta outorgada a todas as agremiações de ofício ou *guildas*, que trabalhavam em um ramo diferenciado de profissão: padeiros, marinheiros, construtores, sapateiros, etc.[4] Neste mesmo *site* lemos:

> *A Companhia de Maçons teve sérios problemas que se podem conhecer graças às atas do Common Council londrino, por terem sido queimados os livros no incêndio de Londres. Isto deu o golpe de misericórdia à Organização, que não estava preparada para assumir o compromisso da reconstrução da cidade.*

Por outro lado, a Igreja católica estava preocupada com sua existência. O que antes tinha como hegemonia total, não apenas religiosa, mas também de ordem cultural, política e econômica, estava a passos de gigante perdendo adeptos, por causa da reforma protestante, tendo como protagonista Lutero, seguido por Calvino e outras

4 Idem.

ramas do protestantismo que se alastravam como fogo, numa Europa que começava a ver um clarão de luz de liberdade, completando-se o círculo no caos, para ver nascer a luz, promovida pela Reforma Protestante; por filósofos, que questionam o pensamento religioso (de maneira tímida); pela forma de ver o mundo com a globalização do comércio ultramar, liderado pela Holanda, Inglaterra, Espanha; pelas mudanças sociais; pela forma de uma nova cultura na arte barroca, que se contrapõe ao gótico; este com sua expressão de clareza e ordem, aquele considerado "espúrio ou bastardo" (Enciclopédia Barsa); pela divisão religiosa começando com Henrique VIII, criando o cisma que levou ao anglicanismo, seguido logo depois por Lutero, e como resposta a assim chamada Reforma o catolicismo responde com a Contra-Reforma, como resposta ao crescimento do protestantismo. Somando-se a esta "anarquia", estavam os desastres que ninguém compreendia: fome, miséria, guerras, peste, incêndio devastador.

A Europa estava pronta para as mudanças que se sucederiam, mas antes vejamos como isto aconteceu.

Capítulo II

Uma Revisão Político-Religiosa e Filosófica

A Inglaterra parlamentarista

Carlos I (1600-1649), rei da Inglaterra, Irlanda e Escócia, é o estopim da primeira revolução inglesa, tudo por causa de dinheiro. Dinheiro que fazia falta para promover a guerra contra a Espanha e negado pelo parlamento; dinheiro para sustentar a rebelião dos escoceses quando impõe a religião anglicana; dinheiro para sustentar a rebelião irlandesa.

O parlamento cede; em troca, o rei concede ao parlamento muitas reivindicações nunca antes imaginadas para uma monarquia, caracterizadas pelo absolutismo.

Na época de sua investidura real, já era visto com desconfiança pelos protestantes, por ser influenciado por sua esposa católica Henriqueta Maria, irmã do rei da França.

A Inglaterra na época de Carlos I convivia com três correntes religiosas: a do estado, anglicanismo, decorrente do cisma ocasionado por Henrique VIII (1491-1587); perante a negativa do papa em não acatar o divórcio deste com Catharina de Aragão, Henrique se divorcia também do catolicismo sendo desde então a cabeça coroada o chefe da Igreja na Inglaterra, isto se dá no século XVI; o protestantismo, com suas várias correntes, entre elas o calvinismo, eminentemente anticatólico e, por último, o próprio catolicismo em menor número, sendo que a rainha trazia da França sua religião, e junto com ela os padres dentro da corte e, com estes, o poder temporal e transcendental comandado pelo papa.

Entrar nos detalhes históricos destes confrontos religiosos não é meu objetivo, mas apenas mostrar o quanto era importante a questão religiosa da época.

Quando questões políticas estavam em pauta, sempre as questões religiosas sobressaíam. Foi desta maneira que desencadeou a guerra civil na Inglaterra, liderada por Oliver Cromwell (1599-1660), com vitória dos aliados de Cromwell, eliminando a monarquia de Carlos I. Acusado de traição pelo parlamento, Carlos I é decapitado em Londres. Segue-se uma república parlamentarista liderada pelo puritano calvinista Cromwell. Findado o conflito, Cromwell consegue estabilizar o país, estruturando inclusive a igreja oficial, o anglicanismo, mas desatando contra os católicos uma perseguição implacável. Mas como na maioria das vezes acontece, o sucessor não está do tamanho do sucedâneo, gerando após a morte deste uma instabilidade política. O próprio parlamento busca o Stuart, Calos II, reiniciando o ciclo da monarquia que perdura até nossos dias.

Poder-se-ia dizer que na Inglaterra começava existir um borrão de democracia, posto que o parlamento divide com o rei o destino da nação.

A França Absolutista

Enquanto a Inglaterra dividia o governo, rei e parlamento, na França de Luís XIV (1638-1715) reinava o absolutismo "O estado sou eu", frase atribuída ao rei, mas este absolutismo foi "positivo", se é que podemos assim chamá-lo. Não esqueçamos que essa arregimentação política do Estado pertencia ao monarca, as terras eram do rei, tudo girava em favor do rei, que criava imposto, declarava guerras, proclamava a paz, poder de vida e morte sobre seus súditos.

Não é de se estranhar que Luís XIV se considerava um representante de Deus na Terra.

Seguidor de Richelieu, Luís XIV não deixava por menos em ter como primeiro-ministro o cardeal Jules Mazarin, grande admirador de seu protetor Richelieu. Mazarin, assim como seu antecessor consolida o absolutismo, e faz da França uma potência na Europa.

A França vivia um resplendor. Deixo agora que a Enciclopédia Barsa nos diga algo do que acontecia na França, nesses dias de resplendor:

> *Chamado Rei Sol pelo brilho de sua corte, pela fecundidade artística de sua época e pela posição hegemônica a que elevou seu país na Europa, Luís XIV protagonizou um dos momentos culminantes da história da França. Nesse intervalo de meio século a França conheceu seu período de maior poderio militar, prosperidade econômica, progresso científico e excelência artística. Luís XIV considerou o incentivo às artes assunto de estado e protegeu os dois maiores autores clássicos da literatura francesa, Racine e Molière. As principais cidades do reino passaram por uma metamorfose, criaram-se imensos jardins, embelezaram-se algumas paisagens naturais e levantaram-se monumentos por toda parte. Como síntese desse espírito, o rei fez construir um palácio em Versalhes, perto de Paris, que despertou desde então a admiração do mundo.*

Gastos astronômicos, o povo na miséria, a fome endêmica, estava pronta a receita do que viria a ser Revolução Francesa.

Nessa época é criada a galeria de Louvre, e na cidade Greenwich, Inglaterra, no ano de 1675, o observatório astronômico que leva seu nome era inaugurado.

A Questão Religiosa

Neste período da história, as lutas religiosas eram endêmicas, os assassinatos contra aqueles que não comungavam numa fé eram válidos tanto de um bando para outro, a caça às bruxas era a regra, baseados em textos bíblicos que os protestantes faziam para justificar a matança fundamentando-se no Êxodo 22:18: *"Não deixarás viver a feiticeira"*. Os calvinistas usando uma postura mais radical que os luteranos, competiam com o catolicismo nos assassinatos aos hereges, leia-se discordância de opinião, e o catolicismo fazendo frente também com seu braço hediondo da Inquisição, oculto na palavra: Santo Ofício.

Calvino[5] o fazia com mais requinte, como nos conta Paul Johnson em seu livro "A História do Cristianismo", 1976:

> *Os calvinistas, na verdade, tinham uma postura mais feroz com relação às bruxas que os luteranos.... Onde quer que o calvinismo se fortalecesse, as bruxas sofriam perseguição sistemática.*

A barbárie era a regra. Paul Johnson usa as palavras de Lutero[6] quando convida a cristandade a "lavar suas mãos no sangue desses cardeais, papas e o restante da ralé da Sodoma romana".

Discursos, conversas informais em jantares, protagonizados por amigos de Lutero, os reúnem em uma coletânea intitulada: *Tischreden*, ou *Dizeres na mesa*, ou *Table-talc*. Vejamos apenas uma das tantas considerações do pensamento deste senhor que possuía uma neurose do demônio que até nos animais o enxergava, neurose do ensino superior como obras de satã, neurose dos camponeses, mantendo uma flagrante aliança com os príncipes.

Em uma de suas conversas nos relata:

---

[5] Jean Cauvin (1509-1564), nascido na França na divulgação de sua doutrina, trata de unificar as inúmeras correntes existentes do protestantismo, com grande influência para aqueles que emigraram para a América do Norte, os chamados presbiterianos (origem de presbítero, uma das quatro divisões que Calvino usa para regimentar a disciplina eclesiástica, os presbíteros são anciãos leigos que mantinham a disciplina, outras eram os diáconos, doutores e pastores). Mantendo uma disciplina exuberante, com penas que iam até a morte na desobediência disciplinar. Proclama a religião como absoluta nas coisas do Estado secular.

[6] Martinho Lutero (1483-1546), nascido na Alemanha, fundador do protestantismo, denominado de Reforma, por ter sido uma tentativa de reforma do catolicismo ao protestar contra indulgência que os bispos vendiam para arrecadar dinheiro em favor de Roma em troca de serem os compradores, salvos do inferno. Agostiniano de formação, baseia seu protesto em que Deus perdoa pelo prêmio moral, e não pela conquista material (indulgências). Nega a autoridade divina do papa. A salvação apenas se dá pela fé.

> *Vamos, caros senhores! [príncipes] batei, traspassai, degolai como podeis. Aí encontrareis a morte, não conseguireis sonhar morte mais celeste, pois sucumbireis em obediência a Deus, e protegendo os vossos semelhantes contra as hordas de Satã.*
>
> *O burro quer pancadas e o povo quer ser governado pela força. Deus sabia muito bem, pois não deu aos governantes um rabo de raposa, mas sim uma espada!*
>
> *Quanto aos perversos (referindo-se aos pobres que se juntavam aos camponeses) punam, apunhalem e assassinem todos os que conseguirem.*

Não sendo injusto, existindo um paradoxo, do acima relatado, sem nenhuma dúvida o avanço no ensino laico pela sociedade protestante foi de um mérito incomum.

Estas perdas do rebanho do catolicismo para o protestantismo (se bem que se deu mais por causa do poder temporal dos príncipes contra Roma, e por trás dos príncipes vinha o povo por obrigação com o príncipe), o catolicismo responde na chamada contra-reforma.

Um dos líderes deste movimento foram os jesuítas, homens que faziam parte da agremiação denominada Companhia de Jesus, fundada por Inácio de Loyola (1491-1556). Com ênfase ao ensino secular, faz de seus adeptos a obediência absoluta, porque "obedecendo não se incorre em nenhuma falta", influenciando as cortes da Europa.

Semelhante a Calvino, Loyola usa a disciplina como meio, talvez por ambos terem sido discípulos do humanista Erasmo. Odiados por muitos, amados por poucos, Loyola busca seus adeptos principalmente na nobreza, esta já com uma formação intelectual vinda da Renascença do século XV, oposto àqueles de outras instituições monásticas que se dedicavam na época à conquista perene da pobreza, como elemento primordial para alcançar a graça divina.

Calvino, por outro lado, não acreditando na liberdade de consciências, tinha fé (e assim o fez na prática, a Escócia é um exemplo, a

Suíça em parte consegue) que todo governo deveria ser governado pelas escrituras. Usava a força, o assassinato, como meio de alcançar sua finalidade. Voltando a Paul Johnson, nos diz:

> *Calvino, em contrapartida, jamais afirmara que as consciências deveriam ser livres. Como a sociedade aperfeiçoada dos eleitos poderia tolerar em seu seio aqueles que desafiassem suas regras? A resposta óbvia aos críticos era expulsá-los das cidades, após excomunhão. Caso tentassem protestar, seriam executados. Porém, a execução, como descobriu Calvino, também era útil para inspirar terror e assim acarretar obediência.*

O resultado deste conflito das três principais correntes religiosas: papismo do catolicismo, o cristianismo de Estado de Lutero e a forma de teocracia de Calvino levam a um confronto nunca antes visto na história.

A Igreja católica perdendo força por ter-se colocado contra o progresso que normalmente acompanha a evolução, dá margem para mudanças, via protestantismo. Uma dessas mudanças se dá no campo econômico, o lucro para os protestantes não é visto como coisa abominável e sim como algo natural, desde que uma parte deste lucro dos negócios seja compartilhada com os mais necessitados. Quem deu maior ênfase nesta proposta foi a igreja de orientação calvinista. O ganhar dinheiro nas transações comerciais não só era estimulado, mas favorecia a pessoa que o praticava por considerar o trabalho bom e o ócio pecaminoso. Max Weber, em seu livro "A Ética Protestante e o Espírito do Capitalismo", 2003, expõe:

> *Assim, a riqueza seria eticamente má apenas à medida que venha a ser uma tentação para um gozo da vida no ócio e no pecado, e sua aquisição seria ruim só quando obtida no propósito posterior de uma vida folgada e despreocupada. Mas como desempenho do próprio dever na vocação, não se é permissível moralmente como realmente recomendada.*

Mas adiante Weber coloca:

Seu significado para o desenvolvimento do capitalismo é óbvio.

Em todo conflito, quando a anarquia se instala, como foi neste tempo que agora relato, está no ser humano encontrar um balanço, alguma coisa de resgate para continuar mantendo um bem-estar, seja este de índole religiosa, política ou econômica.

Também, quando não se encontra saída, posto que não tendo para onde fugir e tendo que aceitar de maneira incondicional o absolutismo constitucional, outras medidas têm que ser adotadas; a clandestinidade é a regra.

Tornam-se clandestinos aqueles que não aceitam uma ou outra proposta. Não encontrando saída em termos de consciência, tratam de reunir pares que pensem se não igual, pelo menos de maneira semelhante. Como o instinto de conservação é o principal instinto que temos dentro de nós, estes se ocultam para salvar sua integridade, criando outros grupos que começam na calada da noite para depois a história os tornar públicos sem medo das reações adversas.

Todo absolutismo, para não cair, tem que se modificar. Não existe nada que possa nos dizer, esta é a única verdade.

É o que trataremos a seguir quando filósofos, pensadores, procuram outra porta de entrada para dar saída a seus pensamentos como resposta a uma sociedade que não responde aos anseios de liberdade; sociedade esta, que por intermédio de seus grupos, quer manter a hegemonia da verdade.

Os Filósofos não se Sujeitam

Todas estas questões religiosas levaram a um fanatismo sem precedente, cada uma das correntes se dizia dona da verdade absoluta e não apenas seguidoras do Jesus Cristo, homem da Galiléia, que morreu pobre, traído; que de seus lábios apenas se ouviam palavras de amor, paz, reconciliação; em poucas palavras, eram aquelas a antítese do que Ele pregava. Todas essas correntes religiosas se diziam (e continuam a se proclamar), representantes desse Homem-Deus, na Terra.

Como toda ação tem uma reação, não se fez esperar a reação dos intelectuais, que discordando da maneira vulgar e patológica de como estas agremiações religiosas submetiam seus seguidores, através do medo, da calúnia, do assassinato; aproveitando-se da incultura, fomentando a mentira, começam uma reação de contestação, de uma timidez inicial, para depois se irem aglutinando até formar parte de grupos maiores que, trabalhando na clandestinidade, por temer por suas vidas, auxiliados pelo invento de Johannes Gutenberg, escreviam para o povo na maioria das vezes anonimamente.

Estas aglutinações de pensadores formavam o grupo do que Robert Boyle[7] (1627-1691) chamou de "Novos" (existiam outros) Colégios Invisíveis[8] no século XVII. Eram intelectuais (cientistas, filósofos, livres-pensadores), que mais tarde, os que puderam sair do anonimato, iriam fundar o *Royal Society of London*.

É de deduzir que nestes grupos secretos estavam associações que, por um motivo de discórdia religiosa, tinham que se cobrir com o manto do secreto, por usarem elementos contrários aos dizeres bíblicos e caprichos daqueles que se auto-outorgavam como representantes de Deus na terra. Discordância científica fazia com que pessoas em comum comungassem de idéias semelhantes.

Diz-se o mesmo dos filósofos e outras agremiações, que por diferentes motivos tinham que ter discrição de suas atitudes, acobertando-se mutuamente nos assim denominados Colégios Invisíveis. Entre esses Colégios Invisíveis poderiam estar os *free-masons*, não como sociedade secreta no ramo da construção, e sim como sociedade secreta

---

[7] Robert Boyle, pai da química moderna, separando pelo método experimental a alquimia na atual química e física.

[8] Era uma rede internacional de acadêmicos, que parece ter nascido na Itália do século X, acreditando-se que, possivelmente, o filósofo Giordano Bruno introduz no norte da Europa, originando outros termos como na Holanda, que era chamada Família Amor. Estes pensadores, não fazendo distinção entre o pensamento transcendente e o secular, ou seja, acreditavam que não havia conflito entre as ciências naturais e a teologia. Começava a dar-se ênfase à razão, colocando que a razão tem a primazia de julgamento das idéias e não o dogma.

dentro de uma sociedade aberta regimental por decreto real; todavia, não existem documentos que venham a confirmar tal suposição.

Nos dias atuais, embora continuem mantendo o nome, "Colégio Invisível", não mais se faz para acobertar idéias, e sim sinônimo de agremiação semelhante em idéias.

Alguns como Francescco Pucci (1543-1597), ingenuamente se posicionam que deveria existir uma maneira, uma forma ecumênica de cristianismo. Este homem partia do princípio que na síntese todos falavam da mesma transcendência de Deus, mudando apenas o rito (parece que ainda continuamos a queimar na fogueira de maneira simbólica, ou real, muitos dos que se atrevem a dizer a mesma coisa nos dias de hoje). Por ser um racionalista e antitrinitário é condenado por heresia, sucumbe nos braços da inquisição.

Um mártir da liberdade de pensamento que teve seu fim na fogueira foi sem dúvida Giordano Bruno (1548-1600), matemático, astrônomo, filósofo. Pode-se dizer de Giordano que nascera para ser o que se chama de contestador numa sociedade imutável e arcaica em seus ideais. Usando a razão por excelência, contesta a finitude do universo de Copérnico. É excomungado pela sua ordem religiosa dominicana no convento de São Domenico Maggiore; foge, se acoberta no calvinismo em Genebra. Também o abandona por causa da intolerância, entrando em constante choque contra os protestantes e os católicos. Finalmente Giordano é levado ao holocausto, visto que pregava os dizeres do Novo Testamento dos apóstolos como exemplo de vida honrada:

> *Quem quer não deseje ser católico tem de suportar punições e dores, já que o que se usa é a força, não o amor. O mundo não pode continuar assim, pois nada há além da ignorância, e nenhuma religião é boa* (Paul Johnson, pág. 387).

Podemos dizer que tanto Pucci quanto Bruno, como mais tarde Hobbe, chegando até Descartes e Kant, trazem em seus escritos e pensamentos filosóficos os ideais de Guilherme de Occam (1285-1349), filósofo, que tem a coragem de separar a teologia da filosofia, ou seja, fé e razão. Realiza então a transição do pensamento renascentista onde a escolástica[9] era o pensamento filosófico predominante da Idade Média, defendendo a racionalidade sem o dogma. Logicamente que esta ousadia lhe custou a excomunhão.

No desenvolvimento das idéias destes pensadores se entrecruzando por caminhos marginais para não serem delatados por seus detratores, encontramos entre eles filósofos que influenciam essa geração, que foram influenciados por outros, podendo citar, por exemplo, Thomas Hobbe (1588-1679). Este filósofo, com seus escritos no predomínio da razão, iria influenciar pensadores como Rousseau e Kant, e os enciclopedistas Diderot, Voltaire, entre outros, que por sua vez iriam abrir passo para a Revolução na França. Esta foi influenciada por outra revolução que acontecia em ultramar, qual seja a revolução americana, liderada por outros pensadores, influenciados pelo iluminismo, que iriam influenciar outros a *posteriori*.

Os pensamentos – segundo Hobbe – se originam de maneira isolada, colocando a sensação como forma primordial, porquanto tudo se origina dos sentidos; a partir deste ponto tudo vem agregado.

Hobbe faz uma ordenação racional do Estado, partindo do princípio que para que exista ordem, tem que haver lei e juízes para interpretá-las, que na forma natural das coisas não pode existir ordenação nem propriedade; em outras palavras, se não existirem as leis para segurar o impulso do *homo sapiens*, estaremos vivendo em um estado natural, neste estado natural somos natureza sem leis; portanto, não pode existir a propriedade.

O elo da corrente que continua com Hobbe sustenta que os

---

[9] Escolástica: na Idade Média há o renascimento de Aristóteles e outros filósofos da antiguidade. A junção de maneira predominante entre a filosofia aristotélica e de Tomás de Aquino, rege os princípios filosóficos da escolástica. Esse sistema, que é filosófico e teológico, trata de resolver os problemas seculares por intermédio do dogma, problemas que são gerados pela fé e a razão. A contradição era óbvia. Como poderia a razão ter liberdade de ação se o dogma está presente como pedra angular limitando, portanto, a razão? Neste ponto fundamental entra o filósofo Occam, quando coloca seus pensamentos, a incompatibilidade entre fé e razão.

homens só podem viver em paz se concordarem em submeter-se a um poder absoluto e centralizado. Depois John Locke (1632-1704), com a teoria do liberalismo político[10], não sem antes derrubar o proposto por Hobbe, todavia concordando no princípio do naturalismo "*nascemos livres na mesma medida em que nascemos racionais*" ("Os Pensadores", Locke, 1999), "*o trabalho do homem é a origem e o fundamento da propriedade*" (idem). Sustenta ainda: "*O estado de sociedade e, conseqüentemente, o poder político nascem de uma pacto entre os homens. Antes desse acordo os homens viveriam em estado natural*" (idem).

Para que isto seja possível, começa a se dar a ruptura, da assim que hoje podemos chamar de classe média, qual seja a nobreza, proprietária das terras no sistema feudal. Embora estes tivessem seus privilégios, não tinham acesso ao poder político. Na Inglaterra significa romper com a teocracia híbrida anglicana e parlamentarismo; em Genebra com a teocracia calvinista; na França com o predomínio do papa sobre o Estado.

A teoria do liberalismo político é impulsionada mais tarde no século XVIII por Adam Smith e Ricardo. Jean Jacques Rousseau em sua obra "Do Contrato Social", sustenta um consenso que garanta a todos os cidadãos o direto, através de um Estado ideal (utópico); evoluindo com Augusto Comte, com a criação do positivismo, propondo a abstração da teologia e metafísica do método experimental, objetivando a ciência. Ou seja, evoluímos, de uma concepção da natureza pura e simples ao que agora nos rege, à experimentação como base científica do conhecimento, dando ênfase ao que David Hume (1711-1776) propunha: evitar toda hipótese não comprovável experimentalmente.

---

[10] O liberalismo, desde seus primórdios, não é mais nada do que a não ingerência do Estado na economia de mercado, deixando que o próprio mercado se acomode aos caprichos da sociedade, ao tempo e marés, posto que ele é auto-regulável. Partindo deste princípio é indispensável que para que esta teoria seja realidade, haja também uma mudança na postura do Estado, com a exigência da liberdade individual. O século XVIII alcançou seu apogeu, posto que, como vimos, revoluções pela liberdade individual estavam em andamento, como a revolução americana contra o imperialismo Inglês.

Essa panela de pressão criada pelo movimento de uma parte da sociedade auxiliada pelos filósofos, fazendo eco desse anseio na ruptura da religião como hegemonia da vida cotidiana, associada ao incipiente mercantilismo, que avança para a industrialização, faz o grito de independência para uma revolução permanente. Não esqueçamos também que toda ruptura tem suas conseqüências no âmbito da sociedade em que está inserida.

Mas para que isto seja possível muita água correu embaixo da ponte, não de maneira anárquica, e sim serenamente. Entre esse aqueduto estão as sociedades que, trabalhando em secreto, puderam realizar, pagando-se um preço alto por enfrentar o estado absolutista monárquico, decepando cabeças de filósofos ou pessoas que a ela se opunham.

Enquanto isto acontecia, a igreja romana atuava de maneira implacável contra os pensadores revolucionários queimando-os no fogo da inquisição, ou deixando-os na espreita, como fizeram com Galileu; os calvinistas não ficavam atrás, queimando livros e pessoas considerados heréticos, apoiados de maneira independente, posso dizer, e singular, pelos luteranos.

Voltando para Paul Johnson, ele assim nos declara:

> *Sob certos aspectos, as forças da Contra-Reforma, sobretudo os jesuítas, odiavam o grupo da terceira força [Colégios Invisíveis] ainda mais que os protestantes militantes...*
>
> *Com o concílio de Trento*[11] *a atmosfera enrijeceu. Trento incluiu diversos livros cabalísticos no Index. Roma não gostava de uma*

---

[11] O concílio de Trento foi a resposta da igreja católica à postura da Reforma Protestante, dando início ao que se chamou de Contra-Reforma.
Começa em 1545, convocado pelo papa Paulo III, encerrado em 1564, pelo papa Pio IV.
Entre outros aspectos que foram abordados desde a transmutação, passando pela confissão, está como ponto fundamental a questão eclesiástica que leva a questão social, à disciplina clerical, fazendo com que a instituição crie seminários para instrução para o clero, saindo destes seminários um clero culto, com um mínimo de conhecimento de erudição para exercer as funções clericais. Isto dá impulso à criação de escolas fora do contexto clerical, pelos citadinos ricos.
Esta foi a resposta dada pelo catolicismo, principalmente por intermédio da Companhia de Jesus, ao lastramento cultural que fazia a Reforma luterana, permitindo inclusive o leitura da Bíblia no idioma original do povo e não em latim como era no catolicismo.

força nem de um sistema de conhecimento que não fosse capaz de controlar totalmente. A desconfiança ortodoxa recrudesceu quando a terceira força marginalizou-se e começou a construir sociedades secretas. Estas assumiam várias formas – as Fraternidades Espirituais da Holanda e Flanders, os rosa-cruzes germânicos e, por fim, sob uma forma degenerada no final do século XVII, os diversos movimentos da Maçonaria. Como todos incorriam na incansável inimizade do papado, e, sobretudo, dos jesuítas, tendiam cada vez mais a adotar uma postura anticatólica.

Capítulo III

Os Movimentos Ocultos

A evolução dos conceitos filosóficos, nas vozes desses heróis

Para melhor entender o que se passa do ponto de vista evolutivo, me permitam abordar as várias correntes filosóficas que nos precederam, mostrando que nada se dá por acaso. À medida que evolui a sociedade, onde também os pensadores estão inseridos, evoluem também todas as formas das quais essa sociedade se sustenta. Em um âmbito global, isto não se faz de maneira brusca, ou seja, as mudanças em caráter permanente para um certo tempo vêm de maneira gradual, simplesmente não existe a pessoa que diga vou mudar este sistema, e pronto, com uma varinha mágica o muda; não, quando os pensadores exteriorizam seus pensamentos, atingem grupo de pessoas que pensam semelhante, isto se alastra com ações até que um dia...

Para que isto aconteça, tem que estar em transformação a sociedade que quer ser mudada, e não apenas um setor. Uma mudança gera mais uma e esta, outras, sejam elas no campo econômico, político, religioso, etc.

Um ponto importante que quero destacar está relacionado à questão da clandestinidade, aquilo que é oculto, segredo.

Acima expunha que o principal instinto que possuímos como animais que somos, é o instinto da sobrevivência, da conservação, fazemos tudo para não morrer, preservar nossa integridade física é a maneira que a natureza encontra para evitar a extinção. Os animais na floresta fogem do fogo, nós tratamos de escapar quando somos protagonistas de um desastre. Creio profundamente que isto se deva por termos medo da dor, queremos morrer sem dor.

Quando a morte acha-se presente, tratamos de fugir; assim foi nos primeiros séculos de nossa era, quando os cristãos clandestinamente usavam as catacumbas para se esconder das perseguições de Roma. Fato este ligado à dor, por motivos óbvios; eram trucidados no circo para diversão do povo, torturados, crucificados, castigos estes que geram dor.

Na Idade Média reverte-se a situação, são os chefes do cristianismo que mantêm a hegemonia da "verdade", perseguindo os não adeptos. Novamente estes se escondem, porque sabem que se descobertos terão que enfrentar a tortura, ser queimados na fogueira; isto também gera dor. Sentir dor física é o sentimento mais cruel que temos como seres vivos.

Quando a perseguição se faz presente e sendo contrário aos ditames do poder, usamos de artimanhas (os primeiros cristãos usaram o símbolo do peixe ∞, para se identificar), para poder nos identificar com nossos pares, mantendo nossa integridade física, ajuda mútua, mas especificamente usamos símbolos, Sinais, Toques, Palavras, que são práticas que o outro lado não conhece, e os símbolos são uma representação gráfica de uma idéia ou muitos conceitos, Sinais, Toques e Palavras, nos dão uma segurança que estamos com alguém que pensa semelhante, sofrendo as mesmas penas pelas quais fugimos.

Na Idade Média, pelo resgate que houve com a filosofia aristotélica, pelos estudos que se faziam no entendimento da escola pitagórica, pela busca dos filósofos como Epicuro, Tomás de Aquino, Santo Agostinho, vieram junto os grandes enigmas da pergunta permanente que nos fazemos: de onde viemos, para onde vamos, quem somos, por que estamos.

Elementos da física e química criam o empirismo da alquimia, para depois torná-la racionalizada pelo método. Da leitura na Bíblia de elementos que se acham impossíveis de realizar pela razão, vem a contestação, não apenas do fato teórico, mas também do exemplo, que não são seguidos por aqueles que se ufanam de serem os representantes do Deus na Terra. Do ser pelo ser, cria a pergunta: se se diz que somos iguais perante Deus, nascendo do ventre da mulher, por que Deus dá mais a uns que a outros? Esta dúvida gera conseqüências de protesto interior, para depois vir à tona por alguns reclamando mudanças.

Por outro lado, todos aqueles que têm o domínio, dispondo do poder[12], têm medo de perdê-lo, perseguem aqueles que não pensam da mesma maneira, tratam de usar artifícios para fazê-los iguais a eles, e quando estes, não aceitando sua maneira de pensar, tratam pura e simplesmente de fazê-los desaparecer como cidadão, na deportação, os encarceram; como última conseqüência os fazem desaparecer fisicamente, ou usam de qualquer benefício que esteja em suas mãos, para calar as vozes que se unem em grito de mudanças.

Quatro são as categorias:

a) **os emotivos**, são aqueles que perseguem por ingenuidade, tendo certeza que estão levando os detratores à verdade que eles possuem, quer que outros sintam essa verdade como eles a sentem, são cegos, mudos e surdos, seus chefes são seus deuses – talvez sejam os mais perigosos, destes nascem os fanáticos, o fanático não pensa, age;

b) **os racionais**, nesta categoria existem aqueles que racionalmente não querem perder o poder e para tal se armam com a hipocrisia de leis por eles criadas, usam o poder em seu próprio benefício e as benesses que porventura fazem, não o fazem por dever, mas como meio de encontrar benefícios para sua maneira de atuar, sempre visando seu bem-estar, o esmagamento do adversário, assim nascem os tiranos;

c) **os pusilânimes**, são aqueles que usam do poder para seu

---

[12] Fala-se nos termos do poder degenerado não como as manifestações sociais devem ser ordenadas. É nesse ponto que nasce o poder. O poder surge da necessidade de se organizar e ordenar a busca pelo bem comum ("O Poder". Gabriel Chalita, 1999).

benefício, aceitando os ditames deste; estes mudam de lado cada vez que se movem as fronteiras, aqui nascem os traidores; e, por último,

d) **os apáticos**, apenas existem, são levados pela maré, dançam conforme a música.

Isto estamos vendo nos dias de hoje. Apenas como exemplo, os dirigentes da nação da América do Norte, com o poder racional, para manter sua hegemonia usam e abusam do poder econômico, militar, e tudo o que este poder é capaz de fazer, usando a mentira, a calúnia, para manter sob seus domínios aqueles que não são parte de suas idéias. São mestres em inversão dos conceitos passando de agressores para agredidos, quando da ocupação militar no território que não lhes pertence. Toda ação leva a uma contra-reação, a contra-reação se torna violenta e clandestina, dando o troco na mesma intensidade ou pior do que eles sofreram.

Não existe o absoluto do que acreditamos ser permanente agora; o que agora é sem mudanças, mais tarde mudará de conceitos, formas e ação num futuro, porque tudo evolui, e é na clandestinidade que começam as mudanças, quando oprimidas estão as idéias, quando o espaço de liberdade se reduz, quando a injustiça se faz presente, mudanças virão a acontecer.

A história com suas mudanças se move a passos lentos, o período de duração entre a Idade Média e a Idade Moderna levou em torno de mil anos; para a Idade Moderna, que tem um começo acadêmico na queda de Constantinopla (1453), terminando na Revolução Francesa (1789), portanto apenas um terço do tempo entre uma e outra. Sem dúvida que o conhecimento apressa a história. Em nosso caso, a criação da imprensa, na Idade Moderna, gera maior conhecimento dos cidadãos por terem maior quantidade de informação pela leitura. O comércio ultramar leva ao conhecimento que existem outras culturas diferentes a que estavam acostumados a ver; dão-se conta que não estão só.

A revolução cultural no período medieval, no resgate dos filósofos greco-romanos, a leitura de Santo Agostinho (354-430) baseando seus posicionamentos filosóficos em Platão, criando uma doutrina "moderna", no pensamento do cristianismo. Tomás de Aquino (1225-1274), que resgata Aristóteles, rompendo a tradição agostiniana – neoplatônico – inaugura uma nova forma de ver a questão religiosa.

Tomás de Aquino resgata em Aristóteles a noção do poder temporal como autoridade, embora todo poder emane de Deus, mantido pelo representante na Terra usando as duas espadas, a temporal e a divina. Felipe o Belo, rei da França, rompe com a espada temporal do papa, quando este cobra imposto da Igreja. Este gesto material leva como conseqüência a mais um passo para outra abertura secular.

Estes novos conceitos políticos de mando inspirado por uma rebeldia econômica no mercantilismo florescente, são depois manipulados para uma legislação mais aberta para o povo, começando novamente a seguir os passos para passar a ponte que separa para a transição democrática. Governo e legislação fazem parte da transição como ponte para caminhar à outra margem, da assim hoje denominada democracia.

Mas nesta ponte têm muitos percalços, muitas subidas e descidas, muitas controvérsias, mas é a forma que a humanidade encontra para progredir em seus ideais e não ficar estacionária na idade da pedra. Vejamos alguns aspectos dessa história, para podermos entender melhor o que se passa nos séculos a que nos estamos referindo.

CAPÍTULO IV

Revisando Conceitos

Nossa evolução social é como um estilingue, primeiro tem que recuar para depois lançar o projétil. Existe neste período um resgate da história, dos assim chamados platônicos.

Tomás de Aquino baseia sua teologia cristã no pensamento filosófico aristotélico. Com a queda do império romano, e a destruição da biblioteca de Alexandria, se perde muito dos ensinamentos de Aristóteles, o criador da *Lógica,* mas cabe aos muçulmanos manterem vivo esses ensinamentos, levando-os para o ocidente quando da invasão da Península Ibérica, séculos IX a XIII.

Aristóteles baseia seu raciocínio através do silogismo que, partindo entre duas premissas (a maior e a menor), a conclusão final tem que ser verdade para chegar a uma conclusão; usando o raciocínio indutivo, onde a conclusão tem que ser uma proposta aceitável de maneira universal; na análise de todos os dados, este silogismo cria um sistema de raciocínio para chegar a entender o Ser como Ser – Ontologia –, base do pensamento que a ciência basear-se-á para responder as questões de maneira racional sem entrar em conflito com o divino. Silogismo aristotélico: se Deus criou o homem e, todo homem possui raciocínio, toda resposta que o homem dê no uso racional é sua verdade; portanto, não há necessidade do artifício da religião para o homem alcançar a plenitude com Deus. Com Aquino resgata-se o sentido da não incompatibilidade de pensar em termos de matéria para conceber o Ser, desde que Deus sempre esteja como o criador do Ser, orientado por um pensamento racionalista.

Este sistema de ver o mundo com uma perspectiva do homem, cria na escola filosófica, escolástica, um conflito de ordem que, como veremos, coube a Occam, pagando um preço alto por sua ousadia, separar o conflito fé e filosofia, voltando às origens aristotélicas do discurso.

Quando o Dr. Angélico retorna ao discurso aristotélico do primeiro motor imóvel, na designação de que o Uno é a causa primária da essência, por ser Este a essência, encontra no Exôdo, 3:14, a resposta: Deus disse a Moises: "Eu sou aquele que é". Para o Dr. Angélico, essa era a verdade sublime, que no linguajar filosófico significa a instância primária de todas as coisas, Deus.

Para os cristãos medievos, só alcançariam a felicidade após a morte, no paraíso. Com a ética e moral aristotélica, nasce uma nova maneira de pensar na felicidade, aqui na terra, desde que preservemos o conceito de moralidade e ética e se cultive a contemplação intelectual.

Neste período da história começa a desenterrar todo o antigo (é a Renascença): filosofia, poesia, arte, ciência; a geometria alcança um grau sublime dentro das sete artes, junto com a matemática. Os construtores descobrem Vitruvio, considerado na atualidade o pai da arquitetura, que atuou no século I a.C.; este, em seu livro *Architectura*, cita que toda construção tem que levar em consideração o ser humano, encontrando ênfase no humanismo, que surgia na valorização do homem. Vitruvio recomendava aos construtores reunirem-se em sociedade ou *collegia*. Em sua obra insiste para que os altares dos templos (em sua época para os deuses romanos), estivessem voltados para o Leste, cópia depois dos altares cristãos, na construção das catedrais.

Para dar respostas mais adequadas a conceitos novos elaborados na sociedade renascentista, com novas formas de ver o governo, a religião, na contestação da Escolástica, novas formas filosóficas se fazem necessárias para abordar estes temas que a filosofia de Aristóteles não estava sendo satisfatória. É aqui que começa a entrar os pensamentos de Platão por intermédio de Santo Agostinho, alcançando seu objetivo no final do século XVII. Pode-se dizer que até este período da história o pensamento do mundo era aristotélico, paulatinamente começa a se introduzir o pensamento platônico para conseguir dar respostas que eram exigidas para a época e que na forma aristotélica não era possível conceber, era apenas uma questão de evolução cultural. Não é antagônico, mas sim complementar, como uma nova forma de ver o Ser como Ser, princípio fundamental de tudo o que existe.

Platão: "*Existem dois mundos distintos, o invisível que está no campo das idéias e o visível, objeto dos sentidos*". A colocação central no platonismo está no conhecimento das idéias que é a realidade que nos rodeia estando por cima do mundo sensível. "*Deus e a alma humana,* dizia Agostinho, *eram as únicas coisas dignas de serem conhecidas*. Já para Tomás de Aquino, o desejo de conhecer era natural, provinha da natureza humana e era direcionada para a perfeição dos seres (Raquel Kritsch. "Soberania, a construção de um conceito", 2002). Como podemos observar, apenas uma questão de semântica: o ser humano é divino.

Não existe o antagonismo sem uma separação de conceitos. Cabe a Plotino (205-270) – criador do neoplatonismo – embora com a visão cosmogônica aristotélica, acentuar a razão como princípio fundamental da existência. Por outro lado, este influencia uma grande parte dos pensadores medievais quando afirma que tudo vem do Uno, o que existe é uma emanação do Uno, o qual é incognoscível e transcendente. Plotino realça a questão da filosofia, servir para o engrandecimento da alma, matéria primeira na compreensão de Deus, para que esta misticamente se funda com o Uno.

A filosofia neoplatônica surge para dizer às pessoas que podem alcançar o êxtase da felicidade, não apenas na busca da fé exterior, mas também alcançá-la com a persistência, do êxtase místico procurando dentro de nós aquilo que é sublime, ou seja, a alma ligada ao *nous*, espiritual, origem das idéias, por ser emanação da alma. O *nous* vem a ser aquela centelha divina que pertence a todos que estão em sua busca, que alcançaremos a felicidade de ver o mundo como algo engendrado de Deus; para tal necessita do concurso do ser humano.

Este conceito é primordial para entender do porquê nos séculos da Renascença marcou um fator fundamental com crescimento de doutrinas neoplatônicas. Esta nova forma de ver o mundo invariavelmente abre as portas para o esoterismo ou mesmo o hermetismo, no uso das coisas materiais para reforçar o espírito. Pode-se dizer que o pensamento de Plotino cria a base de sociedades esotéricas inspiradas por filosofias antigas (trazidas pelos árabes para o continente europeu), e a curiosidade inata do ser humano para o novo e desconhecido, na procura constante do seu engrandecimento, seja este de ordem material, moral e ou espiritual.

É um fervilhar de novas idéias de contestação. A Igreja poderosa em riqueza e fiéis (se estima que a Igreja católica possuía um terço das terras da Europa), começava a ser contestada timidamente; o invento da bússola abre os mares além do Mediterrâneo; o telescópio; a alquimia se transforma em química. O saber está no auge, e quando isto acontece o medo desaparece pouco a pouco, dando coragem para os pronunciamentos de contestação. Assim como um pequeno buraco aberto num dique, sob pressão este vai aumentando até explodir dando vazão à água reprimida em seu conteúdo; assim estava a humanidade.

Neste emaranhado de conhecimentos "liberais" conjugados com a questão religiosa impositiva da época, nasce a contestação, religiosa, liderada como vimos por Lutero, mas também nascem outras doutrinas não religiosas, mas que querem também engrandecer o espírito pela razão por intermédio da filosofia e outros pensamentos ocultos da antiguidade, que têm muito que ensinar nesta sede de saber; nasce a Ordem Rosa-Cruz.

Neste momento começa a dar-se um entendimento à resposta pouco conhecida quando Cristo diz a seus apóstolos: "*A vós foi dado o mistério do Reino de Deus; aos de fora, porém, tudo se passa em parábolas*". Esse entendimento é a separação do esotérico, aquilo que é oculto ensinado apenas aos iniciados e o exotérico, aquilo que é público, que pode ser compreendido pelas massas que não participam do oculto, que não foram selecionados para participar das escolas herméticas.

Cristo é oriundo de um judaísmo, que proíbe adorações a outros deuses, que é a base também do Islã, proibindo também imagens gravadas em seus templos que possam "competir" com a imagem de Deus. O Islã também herda do judaísmo tal iniciativa religiosa; sob a égide de ambas religiões não se fazem representações de coisas naturais e do próprio homem, diferente das igrejas cristãs, que encontramos tais figuras que não são vistas nas sinagogas e mesquitas. A explicação de não criar imagens se deve ao fato que apenas Deus é o único que tem tal prerrogativa, de ser criador de todas as coisas.

Para o judaísmo (base do Islã e Cristianismo), Deus deve ser analisado conforme os princípios das formas, princípios estes dados pela matemática e as formas pela geometria, tornando desta maneira ambas as ciências, sagradas. Nas mesquitas o dédalo, e arabescos, formas confusas que fazem lembrar pelo desenho de linhas que se entrecruzam, formas florais e outras formas como para escamotear o trabalho do artífice.

Nos templos cristãos observamos o espírito impulsivo do ser humano de permanecer ligado após sua morte. Pensaram desta maneira os construtores de catedrais, onde se observa o símbolo de diferentes mestres deixados nas construções dos templos, como assinaturas de seu trabalho; assim o vemos na Catedral de Chartres construída no século XIII, apenas para mencionar uma obra representativa dos construtores de templos cristãos.

Vitruvio viria a dar ênfase no trabalho da geometria, a forma sagrada de construção, renascendo em seus estudos de construção, o sagrado da geometria. É a maneira de ocultar o sagrado (esotérico) apenas para o entendimento de indicados.

O mesmo acontece no estudo dos *Diálogos* de Platão. Os eruditos tomam conhecimento que Platão escreveu dois tipos de obras, um em linguajar técnico para os discípulos em sua Academia, e outro para os cidadãos atenienses de uma compreensão mais popular.

Não se está abrindo um novo campo de estudo, apenas está-se reafirmando e compondo os já existentes. Parece que nossa história é uma cópia carbono do que fomos. Criam-se ritos de passagem, dando-se ênfase ao Ser como divino. Estes ritos marcam a nova era de mudanças radicais de regime ontológico para um outro estado dentro do estatuo social ao qual o individuo se encontra inserido, mas sempre como uma forma esotérica na busca do divino e sua prática, no reconhecimento do Ser profano que quer chegar mais perto de Deus.

E como tudo o que se cria na "calada da noite" envolve muito mistério, assim a Ordem Rosa-Cruz é envolta de mistério em seu nascedouro. Em poucas linhas daremos algumas referências destas sociedades que hoje em dia não são mais secretas. A Ordem Rosa-Cruz, mãe da Maçonaria? Ou contemporânea desta, ambas inseridas discretamente na sociedade que ainda luta para ser liberal.

Independente de quem foi seu fundador, alguns colocam Christian Rosenkreuz, nascido provavelmente no ano de 1378, de onde originaria seu nome, mas outros alegam ser este senhor um ser mitológico. Alguns querem que a Ordem Rosa-Cruz nasça do luteranismo, já que o brasão que Lutero usava, uma rosa com uma cruz que emerge dela, e por ter sido em seu início uma sociedade protestante, portanto de conotação cristã, com a diferença de procurar no ocultismo verdades filosóficas que o protestantismo não fornecia, sendo uma variante para o Hermetismo. Outros a projetam na Inglaterra com a cruz vermelha de São Jorge, em sua bandeira, símbolo da realeza herdado da dinastia Tudor (David Stevenson. Origens da Maçonaria, pág. 127).

Pode ser que seja este o caminho encontrado desse emaranhado de formas do nascimento desse movimento misterioso. Para os que afirmam ser este Sr. Rosenkreuz seu fundador, se lhe atribui ser um místico que adquiriu sua sabedoria por volta do século XIV, em viagem que fez ao Egito, Arábia e Marrocos. Fundou em sua volta a sociedade Rosa-Cruz, assim o confirma o livro *Fama Fraternitatis*, relatando as viagens realizadas por ele, que segundo está impresso neste mesmo livro viveu 106 anos. A primeira menção desta sociedade secreta se dá no ano 1614, portanto mais de dois séculos após sua criação, se consideramos que foi Rosenkreuz seu fundador.

Analisando esta sociedade em seu simbolismo na rosa, muito temos que aprender do seu significado. Remonta-nos a tempos outros da história quando se dá à rosa o significado simbólico de Afrodite, deusa do amor, mas é o deus Cupido quem entrega a rosa a Harpócrates, a deusa do silêncio. Desta interpretação simbólica da rosa, como algo que tem que ser feito em segredo, o símbolo da Cruz, um símbolo (ao que nos referimos) eminentemente cristão, caracteriza a morte e ressurreição. Tudo aquilo que for dito estando na presença da rosa é confidencial. Na Alemanha (onde surgiu a Ordem), nas estalagens estava pendurada uma rosa, com o significado que tudo permaneceria em segredo (não esqueçamos que as perseguições político-religiosas eram endêmicas na época).

Os irmãos invisíveis, como eram conhecidos por causa do mistério que os encobria e o segredo que levavam por intermédio de iniciação, eram fortemente anticatólicos, sendo suspeita essa fraternidade de terem pacto com o diabo. Isto levou a um certo declínio, mas não em sua totalidade.

Os alquimistas encontraram na Escola Invisível de ensinamento rosa-cruz, sabedoria egípcia e outras formas de saber no hermetismo, criado segundo a tradição por Hermes Trimegisto, rei egípcio do terceiro século de nossa era, autor de tratados esotéricos, alquimia e magia. Todavia, outros atribuem aos gregos terem dado o nome de Hermes, tomado como referência do deus egípcio Toth, criador das ciências, artes e a escrita hieroglífica. De qualquer forma, Hermes representa sabedoria.

O hermetismo vem dar ao mundo outro sabor na existência, posto que embora não se refira diretamente a uma espiritualidade interior, o hermético, os esotéricos, vem em cada ser a divindade, cada parte do cosmo é divino, cada planta é divina; todavia, esteja no ser humano o centro de todas as coisas, que estão em sua volta, o ser humano tem que aprender, seja na medicina, na alquimia, na arte, etc.. Isto se dá quando o homem se volta para seu interior na busca de sua própria divindade. Mas não são todos que compreendem tal fato; para isto alguns são escolhidos para serem co-partícipes, entrando como iniciados nas sociedades herméticas.

Nesta época os Colégios Invisíveis (para alguns por volta do século X começam a formar-se) estão no seu auge. Por medo de atuarem livremente, por causa da incompreensão religiosa, estes colégios se voltam para o oculto, para assim não serem detectados pelos líderes religiosos em voga, ou simplesmente para evitarem a denúncia daqueles que não participam desses colégios, dedicados principalmente para a ciência, filosofia e arte. Cria-se um verdadeiro estigma daquilo que é oculto.

Os colégios invisíveis abrem uma nova perspectiva dentro de uma sociedade degenerada pela religião, não deixando na escuridão a ciência nem as artes, que servem como uma intermediação interna usando métodos herméticos para alguns, como as sociedades esotéricas Rosa-Cruz por exemplo, ou métodos indutivos aristotélicos; a sublevação dos filósofos, cientistas, pensadores, veio sob a forma de expressão por intermédio dos símbolos, legados dos egípcios por intermédio da escrita hieroglífica literalmente as "palavras do deus". Os egípcios tinham portanto estes hieroglíficos como sagrados, por terem sido dados por Toth. Os símbolos passam também a ocupar um lugar na cosmogonia hermética como algo divino, levando o estudo até nossos dias da mesma forma como milênios atrás, talvez não mais como divinos, mas permanecendo estes numa atmosfera de veneração.

Não é do homem renascentista a qualidade de encontrar no oculto uma maneira de sobreviver em seu âmago de ser. Desde as mais antigas sociedades o oculto era uma forma de invocar deus ou deuses, sendo isto de maneira diferente; desde a mais remota antiguidade e, em todas as sociedades esparsas, temos o culto à iniciação, ou seja: morrer para o profano renascendo para o sagrado. A casta sacerdotal era uma maneira de diferenciar aqueles que conheciam ou estavam mais familiarizados com o divino, podendo inclusive entrar em íntimo contato com deus ou deuses. A busca de estar perto do deus que buscamos assim como os católicos o têm na eucaristia. Não importa a forma como se apresente, o homem quando em sua ignorância científica sempre criará o mito para visualizar uma realidade que lhe dê resposta a seu Eu divino.

A busca perene da aproximação com o sagrado é a busca constante do ser, nos questionamentos do próprio ser, seja isto de maneira transcendental na busca pelo divino, seja este secular nas respostas no raciocínio como ser. Talvez Mircea Eliade nos esclareça melhor em seu livro "O Sagrado e o Profano, a Essência das Religiões", 2001, quando nos diz:

> *... o sagrado é o real por excelência. Tudo o que pertence à esfera do profano não participa do Ser, visto que o profano não foi fundado ontologicamente pelo mito, não tem modelo exemplar.*

Ou seja, é buscar constantemente no passado a realidade no presente; ter no dogma a realidade absoluta de quem crê, por ser agradado. Esta afirmativa tem que ser vista como parte do contexto existencial do Ser. O mesmo Mircea Eliade nos diz de uma maneira reveladora: "*É o mito que revela como uma realidade veio à existência*".

O ser humano está sempre criando e passando por pontes; quando chega do outro lado, nova ponte terá que passar. Esta é a eterna forma de evoluir.

Capítulo V

A Evolução do Pensamento Filosófico

Estamos passando permanentemente por pontes, sejam elas econômicas, transcendentes, sociais.

Todavia, no campo dessa discussão política do poder temporal, e o poder Divino, cria-se um discurso paralelo que no final dá um grande impulso à sociedade medieval. Não posso deixar de mencionar Raquel Kritsch, para nos dar mais luz até o que neste momento foi exposto, em relação a:

1) teoria do *poder ascendente;* e,

2) teoria do *poder descendente.*

Vejamos o que ela nos diz em seu livro "Soberania, a Construção de um Conceito", 2002:

> *A teoria de* poder ascendente *era a mais antiga... baseando nessa idéia a forma de governo das tribos germânicas. O povo elegia chefes para as guerras e outras funções públicas e o líder tinha apenas o poder concedido pela assembléia eleitoral.*

Podendo, portanto, ser destituído pelo povo se este não cumprisse com as obrigações para as quais fora eleito. Mais adiante continua:

> A doutrina do *poder descendente, porém, tinha mais de uma versão:*
>
> *1 – na versão tradicional, mais útil aos papas, o sucessor de São Pedro era o transmissor da autoridade concedida por Deus; e,*

2 – o poder era concedido por Deus diretamente aos governantes.

Assim, tanto no *poder ascendente,* bem como no *poder descendente,* temos a imposição Divina no âmbito temporal, qual seja: o representante de Deus na terra é o povo, o representante de Deus na terra é o papa, o representante de Deus na terra é o príncipe.

Escolástica

Este dilema de qual caminho seguir, se acentua mais com a corrente filosófica que hoje denominamos de Escolástica, que trabalha idéias também dos pensadores, greco-romanos, não sabendo diferenciar o que seria uma questão filosófica, ou seja, secular, de uma questão religiosa, ou transcendente, mantendo amarrada a filosofia ao predomínio da fé, dogmas, isto é, a religião.

Esta evolução no pensamento filosófico nos transporta a um passado eminentemente religioso, que tenta de maneira especulativa decifrar todos os conceitos racionais, misturando dogma (religião) com filosofia (conhecimento racional), como vemos um paradoxo, na confluência da liberdade da razão amarrada pela fé.

Contestando de maneira direta o que outros propunham, como nos relata Raquel Kritsch (idem acima):

> *O poder temporal, sustentava Egídio Romano, não vinha diretamente de Deus para o governante terreno, como queriam muitos, mas sim de Deus, causa primeira, para o sumo sacerdote, que, na qualidade de causa intermediária, por sua vez, instituía o poder secular justo.*

Continuando com a exposição de Raquel Kritsch, mais adiante coloca as idéias opostas de João Quidort, este procedente dos monastérios dominicanos, depois excomungado, pensava o seguinte:

João de Quidort invertia dessa forma a proposição de Egídio

*Romano: não era o pontífice que concedia as **temporalia** aos poderes temporais, e sim aos governantes seculares, que por sua generosidade ou, ainda, para sua conveniência, permitiam ao poder eclesiástico ter **dominium** e jurisdição sobre certas coisas terrenas.*

Este conflito de poderes se torna real quando, no século XIII, Felipe, o Belo, rei da França, taxa o clero com impostos sem consultar o papa. Sem dúvida este procedimento de Felipe IV, o Belo, punha em xeque a autoridade papal, sendo que este portava as duas espadas, a temporal – terrena –, e a espiritual – divina. Foi apenas o começo.

Cabe a Guilherme de Occam (1285-1349) a separação entre religião e fé, teologia e filosofia. Por contestar o domínio eclesiástico sobre o poder temporal, julgado por heresia, este franciscano foi excomungado. Occam é quem cruza a ponte, originando-se daí todo um pensamento moderno que seria a base de Descartes até criticismo kantiano.

Racionalismo

Continuando com fio tênue da evolução, entramos no Racionalismo, e para esta finalidade estamos falando de René Descartes, inaugurando o raciocínio puro por intermédio da razão, usando um artifício infalível, qual seja a matemática, onde só a razão é capaz de mostrar o real. Mas Descartes continua a acreditar que Deus tivesse colocado as idéias na mente dos homens. Deus entra no conceito matemático, não na demonstração deste por teoremas, mas na questão filosófica quando é denominado como o "grande geômetra do mundo". Acreditava que toda realidade provinha de uma ordem racional.

Descartes trata de dar a Deus um aspecto humano, para designar que tudo é regido pelas leis da lógica, sendo a matemática sua artífice. Essa "insolência" levou a igreja a proibir e queimar seus livros.

Empirismo

Contestando o Racionalismo, surge na Inglaterra o Empirismo, cuja filosofia se baseia de que a verdade se constrói através dos sentidos, da experiência, portanto não existe a verdade absoluta, por não existirem idéias inatas; nega toda e qualquer realidade além da experimentada pelos sentidos.

Analisemos o que Thomas Hobbe (1588-1679) nos diz quando coloca essa dialética entre razão e sentido, em seu livro "Leviatã", 2005:

> *Depreende-se daí que a razão não nasce conosco como a sensação e a memória, nem é adquirida apenas pela experiência, como a prudência, mas obtida com esforço, primeiro por uma adequada imposição de nomes, e em segundo lugar por intermédio de um método bom e ordenado de passar dos elementos, que são nomes, a asserções feitas por conexão de uma asserção com outra, até chegar ao conhecimento de todas as conseqüências de nomes referentes ao assunto em questão. A isso os homens chamam de ciência.*

Hobbe, neste discurso acima, planta a base do que no futuro viria a ser o positivismo, colocando a experiência como a única válida para alcançar o conhecimento, e entre o silogismo dessa experiência na busca de uma verdade temos como resultado a ciência, sendo esta última a conseqüência.

Com suas palavras continua a nos dizer:

> *Enquanto a sensação e a memória apenas são conhecimento de fato, o que é uma coisa passada e irrevogável, a ciência é o reconhecimento das conseqüências...*

Muitos conceitos surgem no Empirismo, principalmente a questão que todo conhecimento é limitado aos fenômenos, quando passa para o plano da metafísica deduzem que é impossível conhecê-la nos termos convencionais, através dos sentidos.

Nesta última colocação pergunta-se: é possível chegar a Deus por intermédio da razão? A resposta veio em boa hora: *sim,* é possível, não há necessidade de ter uma teocracia, delegando a terceiros o pensamento metafísico para alcançar a sapiência divina.

No estudo de autores antigos, da filosofia moral, onde a ética e a moral são colocadas agora em primeiro plano de estudo, tendo como principal afirmação a independência do espírito humano.

HUMANISMO

A esta corrente filosófica que forma grupos de estudo denominados de *studia humanitatis*, que logo depois começa a ser chamado de humanidades, humanismo. Não veio para romper com as anteriores e sim para incrementar o valor do ser humano como o centro da criação, o homem passa a ser protagonista em qualquer trabalho ou discussão. Nunca esteve tão em voga os dizeres do sofista grego Protágoras: *"O homem é a medida de todas as coisas"*. Quando se valoriza o homem se valoriza o que está em volta dele, o que faz o homem subsistir, interagir; e esse interagir é a natureza que está a seu alcance, mas tendo o homem como centro de tudo.

Em função do homem deve-se estabelecer o cosmo; ninguém possui o monopólio da verdade; o cristianismo não está só, as culturas pagãs com seus ensinamentos axiológicos podem comparar-se ao ensinamento cristão e desta forma ser abraçado pelo cristianismo; o universo não pode ser separado do homem, ele constitui um ser nivelado com o homem; não mais o celeste deve dar sentido ao terrestre, e sim o contrário, é a partir do homem que tem que se construir o universo.

O teocentrismo medieval estava sendo questionado, junto ao isolamento clerical, do celibato, os ermitãos; passa-se a dar valor à família, principalmente no culto dos valores de ser bom; a moral, não mais pertence a uma determinada doutrina religiosa, ela também pode ser cultivada pelo "pagão"; Deus pode ser construído a partir da razão.

O grande representante desta corrente filosófica foi Erasmo de Rotterdam (1469-1536), entre outros está Thomas More e Francis Bacon.

Erasmo, adepto firme da racionalidade divina, quando o homem busca a salvação de maneira direta com Deus, sem intermediário, vem a ser idêntico ao que Lutero propôs, a salvação pela fé: *"Só há justificação pela fé"*.

Erasmo, pacifista, fica reconhecido no mundo inteiro por escrever sua magna obra "Elogios à Loucura", baseada em críticas ao papa guerreiro Julio II, criticando a assim denominada "guerra justa". Em carta ao duque de Saxônia, tornou claro seu posicionamento: *"Tolerar as seitas pode parecer-lhe um grande mal, mas ainda é muito melhor que a guerra religiosa"*.

Não poderia encerrar este capítulo sem a presença de *sir* Francis Bacon (1561-1626) "O profeta da era industrial". Sagrado cavalheiro no ano de 1603, é considerado o fundador da América moderna, bem como o fundador da Maçonaria inglesa, isto dito pela escritora Marie Bauer Hall.

Homem influente na corte de James I, ocupou cargos importantes na administração; embora tenha sido condenado por corrupção, isto não desestabilizou o poder existente nele.

Vejamos o que tem a nos dizer Jim Marrs em seu livro "O Governo Secreto", 2005:

> *Bacon era de fato uma figura fascinante, mas, exceto por seu trabalho científico, foi ignorado pela história.*
>
> *Vinte anos depois de sua morte, em 1626, seu "Colégio Invisível" de seguidores formou uma sociedade secreta de homens instruídos, que em 1660 tornou-se a Sociedade Real de Londres para a Promoção do Conhecimento Natural. Segundo o historiador maçônico Albert Mackey, muitos membros da sociedade original também eram membros da Companhia de Maçons. Essa era a razão pela qual eles faziam suas reuniões [da*

sociedade] em Mason's Hall, em Mason's Alley, Basinghall Street, escreveu Mackey. *Eles todos entraram para a Companhia e assumiram o nome de Maçons Livres e Aceitos... [o que] deu origem à denominação Maçonaria Livre, que se tornou tão famosa.*

Uma sociedade, um credo, idéias reformadoras, não nascem da noite para o dia, como venho mostrando neste escrito, tudo segue uma evolução; para inventar uma carroça puxada a cavalo primeiro se tem que inventar a roda.

Não existiria o protestantismo, se Lutero tivesse cometido o mesmo erro que John Wycliffe (1330?-1384), precursor do protestantismo, em usar as massas camponesas empobrecidas contra os príncipes. O Ideal era semelhante, o palco o mesmo. Wycliffe era favorável para que o parlamento impusesse limites de poder à igreja católica, defendia a devolução das terras em mão da Igreja para o poder temporal. Lutero aprendeu a lição, aliando-se aos príncipes, mandando assassinar sem compaixão os pobres e camponeses, que ficou bem claro em seu panfleto intitulado *Contra as Hordas de Camponeses Assassinos e Ladrões:*

> *Esses tempos são tão extraordinários que um príncipe pode conquistar os céus mais facilmente pelo derramamento de sangue que pela oração.*
>
> *Não se pode encontrar um rebelde com razão: a melhor resposta a lhes dar é socar seu rosto até fazer seu nariz sangrar.*

Vivia-se nesta época o culto ao terror, o culto à "única verdade que existe é a minha religião", instituições como a Inquisição faziam seu apogeu em carnificina e torturas, a igreja mantinha a hegemonia. Neste palco surge Lutero (toda ação tem uma contra-reação) com suas 95 teses contra as vendas de indulgências, alegando que tal medida nunca tinha sido constituída por Cristo. Neste mesmo palco está também Thomaz Munzer, que nasceu provavelmente em 1488, morrendo decapitado em 1526, após a derrota no levante conhecido como a Guerra dos Camponeses.[13] Lutero não deixou por menos "associando-se" aos príncipes e comportando-se de igual maneira para com aqueles contra os quais lutava, a igreja.

Lutero jamais poderia ter triunfado, embora o estopim fosse as 95 teses, a realidade do triunfo foi outra: a discordância cada vez maior dos príncipes com a Igreja referente ao poder de mando, aqueles alegando seus direitos de mando em suas terras e estes defendendo a representação de Deus na terra, a proteção que os príncipes dão a Lutero quando perseguido pelo braço da inquisição, acrescente-se sua inteligência, aprendendo com os erros do passado. Evolui a Reforma para o que nós conhecemos agora, foram tão bem-sucedidas que nos dias atuais se subdividem por centenas de doutrinas semelhantes, onde cada líder se agarra a um pedaço dos dizeres bíblicos para construir sua verdade.

O Humanismo é a resposta com seus avanços e retrocessos, posto que no *Colégio Invisível*, que criou a Sociedade Real, foi logo depois posto novamente na clandestinidade por Oliver Cromwell, sendo que, segundo Marrs, os membros mais antigos eram: Isaac Newton, Robert Boyle, Samuel Pepys, Robert Hook, Christopher Wren. E como a história nos ensina: as primeiras cabeças a serem decepadas numa tirania são as dos pensadores. Lembram 1964? A ditadura militar no Brasil foi o mesmo no Chile, Argentina, Uruguai; apenas para mencionar nossas ditaduras "domésticas".

Finalizando a apresentação de *sir* Thomas Bacon, o "mestre da prosa inglesa" não podia deixar de colocar por que ele é considerado

---

[13] A revolta teve início em 1524, liderada por Thomas Munzer. Durante dois anos este padre erudito, que lia grego e hebreu, liderou camponeses contra os príncipes, com uma mistura de ideologia essênia (comunitária), onde deveria desaparecer a riqueza e todos estarem no mesmo nível por serem iguais perante Deus. Revoltava-se contra a sodomia e festas babilônicas patrocinadas pelo alto clero em seus castelos e Roma; contra a opressão exercida pela riqueza dos príncipes. Por outro lado se igualava para com aqueles que estava dirigida sua espada, posto que desvalorizavam a vida humana. Mas Munzer foi apenas a liderança que deu certo na ora certa, com o discurso certo, para as massas empobrecidas arregimentando camponeses. Segundo estimativas houve em torno de 150 mil camponeses mortos em dois anos, era a continuação de outras sublevações ocorridas contra a igreja, em anos anteriores.

o criador da América moderna. Este mesmo escritor Marrs, em seu livro "O Governo Secreto", 2005, nos conta:

> *As crenças maçônicas de Bacon foram apresentadas em dois livros –* ***De Sapitentia Veterum*** *(A Sabedoria dos Antigos) e* ***New Atlands*** *(Nova Atlântida [referência à América]). Neste último, segundo o pesquisador ocultista André Nataf, "Bacon descreve uma utopia que está subjacente a muitas sociedades secretas, incluindo a moderna Maçonaria".*

Capítulo VI

Evoluindo até a Maçonaria

Reconhecer a Maçonaria como tendo uma data de nascimento no ano de 1717, quando da junção das quatro Lojas em Londres (segundo alguns historiadores existiam 12 Lojas mas apenas as Lojas: "O Ganso e a Grelha", "A Cabeça da Rainha", "A Macieira" e "O Copo e as Uvas"), foram as que se apresentaram para fundar a Grande Loja da Inglaterra. Seria injusto fazer este reconhecimento, realmente a Maçonaria se perde em um tempo não inimaginável, mas em um tempo previsível.

A questão é, sempre tivemos despotismo, se colocarmos estes argumentos poderemos dizer por silogismo que sempre existiu a Maçonaria. Diria que sempre tivemos pessoas que se opuseram à tirania, que pensaram como os modernos Maçons do século XV, talvez XVI, mas pode remontar de muito antes, como veremos adiante. Esta é uma história que cada um deverá interpretar, porque até não termos documentos que nos digam qual a realidade de onde veio, e quando existem estes documentos são vistos de maneira genérica, apenas saberemos que aqui estamos, fruto de uma **evolução** em que pouco a pouco vai juntando as peças do quebra-cabeça, na medida que o tempo passa.

Sem documentos que provem um início, é muita presunção dizer que este é o ponto de partida; por outro lado, se seguirmos uma evolução, tentando uma cronologia, por aproximação podemos chegar no máximo a dizer *é razoável* pensar que desta maneira se desdobrou a Maçonaria.

O salto de uma Maçonaria chamada de operativa feita por operários letrados, que cultivavam o esoterismo, trabalhadores especializados, reconhecidos como tais pelos poderes constituídos para uma Maçonaria especulativa, enxertada por filósofos,. fidalgos, jacobistas, *iluminati*, que a nosso ver em tempos modernos nada têm a ver uma coisa com outra. A pergunta que se destaca é: por que se dá esta junção dos operativos e estes, abrigando logo depois os especulativos? Para que isto aconteça tem que existir um ou vários pontos em comum, seja em idéias, política, economia, interesses semelhantes, perseguições (sofrimento).

Pelo que acabamos de expor essas semelhanças existiram:

Econômica: quando da burguesia citadina com o comércio ultramar enriquece, não tendo onde gastar os lucros que obtinham, o faziam construindo castelos, abadias, igrejas, como forma de penitência. Na Holanda, eram gastas grandes somas de dinheiro em jardins.

Cultural: não esqueçamos que no Renascimento, portanto século XV, os fidalgos tomam outro rumo, não mais de soldados iletrados, analfabetos, preparando-se constantemente para a guerra, mas de pessoas, com cultura, posto que renasce a arte, a poesia, os filósofos são valorizados, universidades são criadas, os príncipes acobertam poetas, pintores, arquitetos, escultores, músicos.

Relatos de que *"Inigo Jones, senhor de Saint-Clair, é nomeado mestre [1607] e organiza as Lojas segundo o modelo das Academias italianas, diminuindo o número de Maçons inadequados ao estudo e incentivando personagens desejosos de cultura a solicitar sua admissão na fraternidade*[14]*"*.

Religioso: vimos como a hegemonia do catolicismo é vencida pelo protestantismo, abrindo as portas para outros pensadores, e como conseqüência a contra-reforma entra na história para não morrer pisoteada, copiando muitas coisas dos protestantes, entre elas o ensino secular.

---

[14] Cronologia Maçônica 1ª parte – Anterior a 1717. Ethiel Omar Cortes González. Loja "Guatimozin 66". Grande Loja Maçônica do Estado de São Paulo. Traduzido da *Pietre-Stones Review of Freemasonry.*

Interesse: o protestantismo vence graças à abertura que os príncipes têm de trocar de lado opondo-se ao governo temporal da igreja, eles – os príncipes –, rivalizavam com a Igreja no mando da temporalidade.

Político: o corpo a corpo na época entre governos era a regra, existiam centenas de principados, cada um com seus domínios geográficos, religiosos, língua. Ainda não se completara a transição do estado medieval para o estado moderno, coisa que só acontece quando a industrialização começa.

Perseguições: continuam a ser sentidas as perseguições religiosas, mas agora o indivíduo tem opção de mudar de lado para salvar sua vida, apenas necessitava passar as fronteiras geográficas de um principado a outro. As perseguições políticas também se faziam presentes, contra aqueles que incentivavam outra forma de ver a situação, interpretada pelos governantes como incitação à revolta das massas, e como conseqüência punindo os incentivadores a castigos que podiam levá-los à tortura e tão comumente à morte.

Sigamos o fio dessa sociedade que abrigou pensadores e construtores (que não eram rudes pedreiros); essa sociedade nos leva à Escócia que alguns escritores acreditam esteja aí o começo.

As Escolas que a Precederam. Os Construtores

Antes de nosso ponto inicial, ou seja, 1717, é difícil estabelecer e separar o que é realidade do que é lenda. Pelo fato de seus adeptos terem trabalhado durante muitos anos em segredo, isto em decorrência de vários fatores, quais sejam: guardar segredo profissional, evitando assim revelar coisas de interesse que apenas à *guilda* pertenciam, como por exemplo a construção de edifícios suntuosos; serem conhecedores de filosofia hermética; como vimos, os símbolos herméticos estão em todo lugar nos prédios construídos e este hermetismo foi perseguido pelo santo ofício, taxando seus adeptos de bruxos e conseqüentemente a fogueira os esperava; por terem sido profissionais estudiosos e não rudes e iletrados como os conhecemos em nossos dias. Não esqueçamos também que as tiranias odeiam pessoas que pensam; pela própria maneira da transmissão dos ensinamentos mais de maneira oral do que na escrita. A imprensa era coisa nova, criada por Gutenberg por volta de 1450.

Dentro desses argumentos fica difícil encontrar algo que seja de uma veracidade inconteste, nos levando a passeios mentais daqueles que se tornam fanáticos, dos que afirmam que a Maçonaria nasceu com Adão, que Cristo foi um grande expoente, que dos Essênios nasceram seus ritos e alguns chegam a admitir que é extraterrena.

Do que a seguir irei expor é apenas tratar de reformular um elo existente entre instituições de ofícios semelhantes às instituições que levam por nome de *free-masons*, na Idade Média, elo este que pode ser quebrado em qualquer local, por não termos história ou se existe, de esta ser tênue, e muitas vezes especulativa.

Para tal tomarei como referência a Revista *Pietre-Stones Review of Freemasonry*, traduzida por Ethiel Omar Cortes González, da Loja "Guatimozin 66", Grande Loja Maçônica do Estado de São Paulo, sob o título: "Cronologia Maçônica".

É de todos conhecido que as guerras levam à destruição material, atrás dos soldados que destroem tem equipe de engenheiros que constroem ou dão condições às tropas para exercerem sua finalidade. Estes homens constroem pontes, edifícios, estradas, bem como reconstroem o que foi destruído, desde a antiga Roma.

No ano de 715 a.C. existiu um rei em Roma chamado Numa Pompilio (745-673 a.C.). Segundo é sabido foi um homem de grande poder de organização, reformador e administrador, se atribuindo a ele a fundação dos *Collegias*. Esta agremiação era de construtores que viajavam com as legiões romanas em suas expedições de conquista, fazendo tudo aquilo que a arma de engenharia faz nos dias de hoje nos exércitos modernos, ou seja, construir, facilitando a movimentação da tropa.

Los collegia fabrorum eran en Roma las agrupaciones corporativas de los artesanos que se ocupaban en la construcción. Los obreros, maestros y arquitectos que habían recibido la tradición de los arquitectos griegos y sus conocimientos sobre la forma de trabajar la piedra, que a su vez la habían recibido de los arquitectos del antiguo Egipto.

*En el siglo I a.C. Vitruvio Polion destacó como uno de los principales integrantes de los collegia fabrorum; sus estudios sobre la arquitectura clásica griega y sus reglas geométricas para la construcción de los templos y las ciudades fueron recogidos en su tratado de arquitectura, y donde en su prefacio, escribe la dedicatoria del libro al emperador Augusto en el año 26 a.C. – www.*Collegia-Fabrorum.com/nom.php (Os **collegia fabrorum** foram em Roma agrupações de artesãos que se ocupavam das construções. Obreiros e mestres que tinham recebido dos arquitetos gregos a tradição e conhecimentos da forma de como trabalhar a pedra, que por sua vez a tinham adquirido dos arquitetos do antigo Egito.

No século I a.C. Vitrúvio Polion destacou como uns dos principais integrantes dos *collegia fabrorum*; os estudos sobre a arquitetura clássica grega e suas regras de geometria para construção dos templos e cidades foram juntados a seu tratado de arquitetura, onde em seu prefácio escreve dedicatória de seu livro ao imperador Augusto no ano 26 a.C.).

Os antigos, desde os sumérios – que é onde tudo começou –, fenícios, passando pelos egípcios, gregos, romanos, tinham a geometria e a matemática como sagrada, divina. Os pitagóricos a viam como poder divino; na escola platônica existia uma frase na entrada que dizia "que ninguém entre se não for geômetra". Segundo este mesmo *site*, acima mencionado, para conhecer geometria o Neófito tinha que ter um processo de Iniciação, e como ciência iniciática tinha como obrigação o segredo entre seus pares.

Temos que destacar a falta de unanimidade existente entre os escritores maçônicos. Vejamos um artigo encontrado do *site* samauma.com.br, de Ambrósio Peters intitulado, *Collegia Fabrorum*:

> *...a Maçonaria Moderna não nasceu porque existiram as guildas, nem as **guildas** nasceram porque existiram os **collegia fabrorum**.*

Sem dúvida que essa argumentação de Peters é verdadeira. Ninguém conhece a evolução de uma sociedade criada para uma finalidade para que séculos depois seja a mesma ou diferente da criada. Como colocava no começo desta obra, tudo evolui; por outro lado também é verdade que sempre fica um fio tênue para sustentar a evolução. Trabalhando com conceitos semelhantes na nova instituição que aparece, as circunstâncias sociais, econômicas, políticas, religiosas, interesse coletivo da agremiação, é que vão dar o caráter dessa sociedade que, embora semelhante, podemos dizer que existe uma história atrás de sua criação. Ambrósio Peters continua:

> *Cada associação se distingue de todas as outras pelos fatores sociais que as geraram e pelos laços que unem seus membros. O laço entre os Maçons modernos é a fraternidade universal, o laço primeiro entre os homens das guildas foi a defesa de interesses profissionais, o laço entre os associados dos **collegia fabrorum** foi adoração de uma divindade comum, o anseio por um enterro cerimonioso e a preservação do nome após a morte. Afirmam historiadores que os **collegia** romanos desapareceram completamente com a queda da parte ocidental do Império Romano quando as cidades européias caíram uma a uma ante os bárbaros invasores vindos de todos os lados. Possivelmente teriam restado apenas fracos e raros indícios de sua antiga presença na Itália e no Oriente. Ao norte dos Alpes, porém nada sobrou de sua estrutura, pois toda a Europa Ocidental foi reduzida à barbárie durante a Idade das Trevas.*

Neste mesmo artigo Ambrósio Peters alega, e com toda razão, que a questão política de Roma não era para que associações fossem deixadas livres e seguissem o caminho que bem entendessem como associação de profissionais, por ser Roma um estado eminentemente centralizador e tirano, onde nada se fazia sem a autorização e interferência do estado.

Outra ocupação dos *Collegias* era a de reconstruir o que tinha sido destruído pela tropa. Todavia, se coloque o ano 64 a.C. como base do rompimento em Roma para o fechamento dos *Collegias*, tomando como base Montesquieu. A lei que trata sobre os *Collegias* referia-se a uma questão doméstica, mais especificamente ao adultério. Por causa da "desagregação" das mulheres na época romana, essa lei foi publicada no ano 17 a.C..[15] Coloco estas observações para verem como é difícil encontrar a realidade quando não existem documentos de apoio e mais ainda quando o tempo da história nos separa do ato ocorrido. De qualquer maneira os *Collegias* foram dissolvidos oficialmente por "serem considerados instrumento de corrupção política". Se este último argumento for real, apenas confirmaria o fato destes construtores terem uma posição de destaque na sociedade romana.

Após o fechamento desta agremiação, resta a seus associados fugirem do local onde começam a ser perseguidos politicamente pela tirania, dispersando-se pela Europa antiga; outros ficaram para continuar as expedições junto às legiões romanas.

O império romano cai no ano 478 de nossa era, os construtores fogem, dispersam-se.

Séculos depois, encontra-se um édito do rei lombardo Rotaris (636-652) dando aos *Mestri Comancino* privilégios especiais. Alguns querem crer que estes sejam remanescentes daqueles *Collegias*; é possível. Mas certamente com outra estrutura dada pelo contexto social em que insere esta nova sociedade de funcionamento profissional semelhante à anterior, aos *Collegias*.

---

[15] Na realidade existem muitas obrigações jurídicas com o nome de "Lei Júlia", algumas vindo de Júlio César, nome adotado por Augusto (63 a.C.-14), grande legislador romano que, quando vivo, Roma teve sua idade de ouro, conhecida atualmente como Era de Augusto. Por outro lado existe a Lei Júlia Bonorun do ano 737 a.C., que trata sobre cessão de vendas; Lei Júlia Concussão: apropriação indébita do magistrado quando no exercício do cargo.
Augusto trata em várias leis regulando a questão da família romana, entre elas: *Lex Julia "de Martindis Ordinibus" e papaia poppaea* (de caráter matrimonial); *Lex Julia de Adulteris et de pudicitia"* (trata sobre o adultério); Lei Júlia Agrária Campana, trata sobre doações de terra por parte de Júlio César a pobres e soldados; Lei Júlia de vi *Privata*, 17 a.C., que proíbe o uso da força, mesmo no exercício de um direito... e assim por diante. A questão é que na minha pesquisa não encontrei nenhuma Lei Júlia que diga respeito à proibição e fechamento dos *Collegias*.

Alguns querem encontrar de maneira romântica o elo perdido da Maçonaria nessa sociedade de construtores, mas infelizmente não existem documentos para apoiar tal hipótese. O máximo que aqui podemos expor é o fato de que mais tarde aparecem outros construtores de castelos, igrejas e que foram muito poderosos (estes sim): os Templários.

Seguindo o relato na Cronologia Maçônica, existem datas que podemos chamar de relevância:

Ano 924:

> *Quase todas as antigas obrigações estabelecem a aparição da Maçonaria Moderna (?) no reinado de Athelstan ...;*

Ano 926:

> *A segunda assembléia da Fraternidade, conhecida pelas Tradições, foi convocada pelo príncipe Edwin, irmão ou meio irmão do rei Athelstan, na cidade de York. Nesta Assembléia, coincide com o Convento Maçônico de York, nasceram as Constituições Góticas*[16] *com 15 artigos; estas Assembléias continuaram por muitos séculos.*

Ainda mais adiante afirma:

> *A Constituição Gótica foi utilizada como fonte por James Anderson na sua Constituição de 1723.*

Alguns querem acreditar que este seja o primeiro documento maçônico originário desta assembléia, realizada no ano de 936 (ou 926) na cidade de York, rivalizando com outro documento da década de 1394, o Poema Regius, provavelmente cópia de um documento mais antigo, ligado especificamente à Maçonaria operativa. Na página *web* de geocite de Literatura Maçônica Basilar, lê-se um trecho interessante que passo a expor:

---

[16] CONSTITUIÇÃO GÓTICA celebrada no ano de 926, onde foram redigidas as Constituições Góticas. Na Convenção de York, são os documentos maçônicos mais antigos que se conhecem (www.leonildoc.com.br).

Durante muito tempo, o Poema Régio[17] *foi descrito como um poema sobre obrigações morais, até que, em 1840, um antiquário inglês de nome James Orchard* ***Halliwell****-Phillips (que não era Maçom) estudou-o e descobriu sua essência: um documento relativo à Maçonaria operativa.*

O documento é composto de várias partes que contêm lendas, episódios bíblicos, descrições de artes e normas. A sua leitura faz-nos concluir que o propósito principal é transmitir as normas, regulamentos ou estatuto do ofício de Franco-Maçom e da corporação. O texto cita o Rei Athelstan (924-939) como o estimulador da criação dessas normas, menciona que ele convocou um encontro [provavelmente o acima referido onde surgiu a Constituição Gótica] de Maçons para que fossem estudados e definidos as leis, regras e preços do ofício. Nele, a Maçonaria é mencionada como Geometria.

Uma interpretação adjacente sobre o texto, feita por alguns estudiosos, vê nele como tema recorrente ou motivo central a apresentação do Ofício de Construtor como uma atividade nobre, ligada à realeza e à aristocracia. Por isso, seria atribuído à Maçonaria o título de Arte Real.

Portanto, pela ligação com a nobreza é denominada Arte Real (não confundir real com sublime nesta passagem específica). Desta maneira perde-se o augusto, que os antigos mantinham pela arte da Geometria como delegação direta de Deus. Em outras palavras aqui a arte de construir é vista no plano terreno e não mais divino, todavia seus componentes, tudo indica, sejam regrados construtores estudiosos na alquimia e esoterismo. Quero crer que a Geometria nesta circunstância ainda é vista como a mais nobre das ciências ou artes

17 O Manuscrito Régio ou Poema Regius é composto de 294 versos duplos. Neles, encontramos uma história lendária da Arquitetura (Maçonaria), de vários artigos, de uma Ordenação concernente às futuras assembléias, da ARS "Quatuor Coronatorum", de uma série de lendas sobre a Torre de Babel, Nabucodonosor, Euclídes e seu ensinamento, e, finalmente, de regras para o bom comportamento na igreja e para o cerimonial. A caligrafia usada é bem semelhante à do século XV. Alguns historiadores o situam na primeira metade desse século. É possível acreditar que tenha sido usado em Assembléias de Maçons como compêndio de história tradicional e das leis da Fraternidade (http://www.Lojasaopaulo43.com.br/jurisprudencia.php)

liberais, quais sejam: gramática, retórica, lógica, aritmética, geometria, música e astronomia, sendo que a geometria se enquadra no que antigos denominavam de *quadriviun*, que compunha além da geometria, aritmética, astronomia e música; os outros três restantes eram os *tridruvios*.

A segunda parte do Poema Regius trata da "Introdução da Maçonaria na Inglaterra sob o reinado de Athelstan". A pergunta pertinente é: de onde veio?

Tudo indica que o Poema Regius ou documento Halliwell, seja uma versão da Constituição Gótica e que mais tarde Anderson também o usaria em sua Constituição de 1723, modificado conforme a vivência social da época.

As ligações de fatos semelhantes podem estar unidas a elos de corrente invisíveis, mas que por sua vez foram originários de algo palpável, e que não necessariamente temos de dizer é falso, apenas pelo fato de estarmos fugindo ao rigor científico da comprovação, por intermédio de algo que o comprove, como a escrita por exemplo.

Quantas vezes nos deparamos com situações que denominamos de lenda, mas que num futuro são comprovadas. A Bíblia está cada dia sendo comprovada cientificamente nos trabalhos de arqueologia, fatos, geografia. Os últimos acontecimentos de porte são os escritos encontrados na metade do século XX nas cavernas de Qumram.

Muito desapareceu das bibliotecas em incêndios causados por guerras, mas principalmente por ignorância da vingança de um povo contra seu oponente, desde a Ásia com o imperador Tsin Shi Hwangti, que no ano de 213 ordenou uma queima total de livro, até a destruição de obra como a de Homero (sobreviveram alguns poemas), encomendado por Pisítrato no século VI a.C.; passando pela destruição da biblioteca egípcia no templo do deus Ptah; a biblioteca de Alexandria incendiada pelas legiões de Júlio César, com mais de dois séculos de existência, sendo dado o golpe de misericórdia pelos cristãos no ano 391, onde se estimam a perda de mais de 700.000 volumes reunindo a sabedoria da humanidade antiga e que até nos dias de hoje rege nosso conhecimento.

Milhares de anos perdidos desde o tempo de Suméria, muitos anos antes da dinastia de Abrão ser proclamada por seu Deus, Yave.

Se algo persiste são apenas transmissões orais ou registro que ficaram estampadas em muros e paredes no Egito (Livro dos Mortos), cinzeladas em estátuas (O Código de Hamurabi), ou escritos em papiros ou couro encontrados no deserto (os evangélicos, parte do antigo testamento do Livro sagrado cristão, o Torá judaico), donde nasce a história da humanidade e, que em conta-gotas alguma coisa está sendo revelada, mas certamente a grande sabedoria da humanidade nunca mais a teremos em nossas biblioteca. Apenas especulamos, deduzimos, inferimos; isto sim podemos considerar positivo quando queremos abordar os fatos históricos da Maçonaria, mas quando inventamos, o prejuízo de nosso legado é bem maior.

Sem dúvida, o elo persiste mesmo que não queiramos; a nossa humanidade é parecida em sentimentos e sensação de justiça desde os mais remotos conhecimentos que temos pela história: Código de Hamurabi, Livro dos Mortos, Os Dez Mandamentos, Declaração Universal dos Direitos dos Homens. Este último, adotado e proclamado na 217ª (III) no dia 10 de dezembro de 1948, pela Assembléia Geral das Nações Unidas, não é mais que um referendo dos direitos e justiça que todo ser humano tem que ter perante a lei, nos reportando a séculos de existência com variações que de maneira nenhuma altera o conteúdo moral e ético do que está implícito na mensagem.

> *O "Código de Hamurabi" não é o corpo legal mais antigo do Oriente Antigo. Muito antes dele, já Urukagina de Lagas, no terceiro milênio da era pré-cristã, tentara uma reforma legal e estabelecera algumas leis e preceitos. A língua suméria conhece ainda um outro 'código' anterior ao de Hamurabi, o "Código de Lipit-Istar" de Isin (1875-1865 a.C.). Em 1953 o sumeriólogo Samuel N. Kramer identificou um documento legal sumério mais antigo ainda, da época da terceira dinastia de Ur, que ele traduziu e publicou no ano seguinte. Trata-se de uma coleção de leis*

do rei Ur-Nammu (aprox. 2050-2032 a.C.). Em língua acádica o 'código' mais antigo, até hoje conhecido, é o do rei Bilalama de Esnunna, que reinou no século XIX a.C. (www.paginas.terra.com.br/arte/hammurabi/sociedade.html).

A imaginação do ser humano para lidar com lendas, símbolos, faz parte de sua inteligência imaginativa e do seu próprio ato de sobrevivência:

> *O Livro dos mortos, que remonta ao Novo Império (1580 a.C.) é um significativo documentário da crença do julgamento dos mortos. As representações pictóricas, encontradas nos monumentos, visualizam o seu conteúdo. Osíris, como senhor da eternidade, senta-se em seu trono, com o cetro na mão. Por trás, suas irmãs Ísis e Nefthys. O morto é introduzido por Maat, deusa da justiça. Há 42 juízes, representando as 42 províncias do Egito.*
>
> *A crença do julgamento dos mortos persistiu entre os judeus e se transferiu aos cristãos, com alguns arranjos imaginativos. Note-se que os judeus substituem os 42 juízes pelos 12 juízes representando as 12 tribos; os cristãos, ao somarem aos 12 patriarcas os 12 apóstolos, imaginaram um tribunal de 24 juízes, e com Jesus em lugar de Osíris* (www.cfh.ufsc.br/~simpozio/novo/2216y014.htm).

A nossa história é composta por semelhanças, vivemos copiando o que nos interessa e adaptando à sociedade no momento dessa história, vivemos maquiando nosso aprendizado, nosso passado. Quem sabe no exemplo que exporei abaixo consiga explicar melhor ao que me refiro.

No transcorrer da história vimos que os códigos de conduta moral são os mesmos de séculos atrás, apenas mudando a forma, o mesmo significado para um delito com penalidades diferentes; o delito de matar alguém, adultério, roubar, por exemplo, são de igual forma vistos pela Bíblia: "Não furtarás"; como pelo Livros dos Mortos: "Eu não roubo", como o código de Hamurabi: "Se alguém comete roubo e é preso, ele é morto".

Como acima me referia, o roubo é repudiado por todos, mas no contexto social as formas são diferentes. No primeiro, é uma imposição de Deus para com seu povo, é imperativo, posto que é Deus quem manda (como são os Dez Mandamentos); no segundo (Livros dos Mortos), é uma forma de penitência que o falecido leva perante os deuses que irão julgá-lo. Já no código de Hamurabi, é eminentemente terreno, sem um fator transcendental. Por quê? Por causa da forma religiosa que esses povos viviam.

Nos reportamos a nossos dias quando nos referimos aos Direitos Humanos. Observemos o cuidado que tomaram quem os formulou, de não agredir a povos em sua estrutura religiosa ou social fazendo-o, portanto, de caráter universal. Se o analisarmos à luz de um contexto não religioso, observaremos que a postura moral que têm os Dez Mandamentos é semelhante a outros que o antecederam, que todos estes códigos universais se baseiam na segunda parte do primeiro Mandamento, qual seja: "Ama a teu próximo". Se amas a teu próximo, estás fazendo aquilo que ele apregoa, se amarem como irmão; portanto, não cometas adultério, respeite a vida alheia (não matando teu semelhante), não roubando, respeitando teus pais ...

Por esta passagem acima exposta, podemos observar como os fatos se entrecruzam, como elos de correntes, dizer por exemplo que no século XX quando da proclamação da Declaração Universal dos Direitos Humanos, são genuínos, vemos que não o são, eles já estavam escritos 4 mil anos atrás. Para este fato temos reconhecimento histórico.

Existe por tradição de muitos povos que, não tendo escrita, usaram a verbalização para perpetuar sua história, a música como faziam os trovadores. Esta forma de documentar os fatos históricos de uma determinada população pode levar consigo acréscimos de imaginação por parte do contador da história, mas não invalida a história; é o que denominamos de lenda.

Tendo isto como base para continuar nosso relato, quero expor que embora não existam fatos de comprovação científica de que a

Maçonaria como nós a conhecemos em nossos dias, já existisse de antanho, acredito firmemente que ela tenha evoluído de corporações de ofício. Certamente não chamaria de Maçonaria, porque estaria sendo ingênuo de querer que, no artigo 188 do código de Hamurabi:

> *Se o membro de uma corporação operária (operário) toma para criar um menino e lhe ensina o seu ofício, este não pode mais ser reclamado.*

Assim escrito, dizer que é Maçonaria, seria um absurdo, mas não duvido que muitos Maçons até poderão tomar tal referência para dizer que:

> *Está ali a comprovação que já haviam Lojas Maçônicas na Mesopotâmia de Hamurabi.*

Capítulo VII

Conhecendo a Escócia da Renascença

Povo guerreiro por natureza, os pictos, povo celta, lutaram contra os romanos sem nunca se terem submetido a Roma, permanecendo com sua identidade cultural mesmo com as sucessivas invasões dos vikings. Numa sucessão de reis locais, formada por dinastias tradicionais, chega por fim o ano de 1371, quando ascende ao trono Walter Stewart (latinizando o nome para Stuart), sexto senescal, descendente de um cavalheiro bretão do século XI.

Quero introduzir alguns aspectos históricos do que foi a Escócia nos séculos que antecederam a criação da Grande Loja de Londres. São várias as razões que me levam a tal exposição: proximidade com a Inglaterra, semelhança cultural, seus reis foram co-partícipes de ambos países, a possível invasão templária após sua dissolução pelo papa e perseguição do rei francês. A única grande diferença entre ambos países foi o fato da Escócia sempre ter recusado a soberania inglesa em seu território e a religião, o fato do anglicanismo não ter entrado na Escócia em seus primórdios de existência.

País onde nos dias de hoje cada vez mais se faz referência do nascedouro da Maçonaria, uma Maçonaria que nasce com envolvimento político, com suas raízes bem plantadas em obediência à família Stuart.

Ela teve o seu caminho desde a Escócia para a Inglaterra sob os auspícios de James I, um rei escocês, que supostamente era um Franco-Maçom (O Templo e a Loja, Michel Baigent e Richard Leigh. 2005).

Sabendo também permanecer oculta como aconteceu com o governo parlamentarista após o assassinato do Stuart, Carlos I, na Inglaterra.

A importância desse conhecimento se deve ao fato que, sendo a Maçonaria uma "criação" inglesa, a Escócia bem como a França tiveram uma grande participação em sua formação, devido ao entrecruzamento existente da nobreza européia, e mais especificamente seguindo os costumes da época de união entre as monarquias por casamentos arranjados, ora um exigindo o reino da Inglaterra, outro o da Escócia, e outros por serem parentes do rei da França, eram protegidas por esta. A religião estava presente de maneira preponderante e a nobreza era quem dominava o palco dos acontecimentos, e todos tinham que se curvar perante o soberano; exceção da Inglaterra por causa da guerra civil patrocinada e executada pelo parlamento, contra a monarquia.

Assim como os impérios se expandem do ponto de vista territorial cultivando nos locais de domínio sua cultura que é uma forma de hegemonia, assim os impérios religiosos se expandem de igual maneira, na mesma proporção, usando todo tipo de artimanha para exercer a hegemonia em suas conquistas de idéias e posteriormente territórios.

Não deixa de ser menos interessante o fato que a Maçonaria tal como a conhecemos teve seu berço na Escócia. Se bem que Escócia e Inglaterra sempre estiveram unidas geograficamente, no aspecto político, cultural. Deixemos que a enciclopédia Wikipédia nos diga alguma coisa sobre este país, donde teve seus primeiros passos a Maçonaria:

Localização na Europa

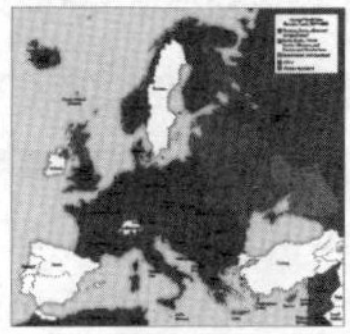

Mapa da Inglaterra, Escócia e Irlanda

A **Escócia** (*Alba*, em gaélico; *Scotland*, em inglês) é uma nação no noroeste da Europa e um dos países que integram o Reino Unido. Ocupa o terço setentrional da ilha da Grã-Bretanha, limita com a Inglaterra ao sul e é banhada pelo Mar do Norte a leste, pelo Oceano Atlântico a norte e oeste e pelo Canal do Norte e pelo Mar da Irlanda a sudoeste. Ademais, de parte da Grã-Bretanha, o território escocês inclui mais de 790 ilhas. O mar territorial adjacente no Atlântico Norte e no Mar do Norte contém as maiores reservas de petróleo da União Européia.

O Reino da Escócia foi um Estado independente até 1° de maio de 1707, quando os Atos de União formalizaram uma união política com o Reino da Inglaterra, de modo a criar o Reino Unido da Grã-Bretanha.

História

A história escrita da Escócia começa, em linhas gerais, com a ocupação do sul e do centro da Grã-Bretanha pelo Império Romano, território transformado na província romana da Britânia e que equivale atualmente à Inglaterra e ao País de Gales. O norte da ilha, conhecido como Caledônia e habitado pelos pictos, não foi conquistado pelos romanos. Segundo a tradição, o Reino da Escócia foi fundado em 843, quando Kenneth I se tornou rei dos pictos e dos escotos.

A conquista normanda da Inglaterra em 1066 e a ascensão ao trono de Davi I permitiram a introdução do feudalismo na Escócia e um maior relacionamento comercial com a Europa. Ao final do século XIII, diversas famílias normandas e anglo-saxãs haviam recebido terras escocesas. A primeira sessão do Parlamento escocês foi realizada naquele período.

Uma disputa pelo trono permitiu que Eduardo I da Inglaterra tentasse coroar um fantoche seu como rei da Escócia. A resistência escocesa, liderada por William Wallace e Andrew de Moray e, mais tarde, por Robert Bruce, fez com que este fosse coroado rei da Escócia em março de 1306 e saísse vitorioso na batalha de Bannockburn, contra os ingleses, em 1314. Uma Segunda Guerra de Independência Escocesa eclodiu no período 1332-1357, quando Edward Balliol tentou tomar o poder com o apoio do monarca inglês. O quadro político escocês voltou a estabilizar-se com a emergência da Casa de Stuart nos anos 1370.

Em 1603, o Rei Jaime VI da Escócia herdou o trono inglês e tornou-se Jaime I da Inglaterra. A Escócia continuou a ser um Estado separado, exceto durante o Protetorado dos Cromwell. Em 1707, após ameaças inglesas de interromper o comércio e a livre circulação na fronteira comum, os Parlamentos da Escócia e da Inglaterra promulgaram os Atos de União que criaram o Reino Unido da Grã-Bretanha.

Geografia

A Escócia ocupa o terço setentrional da ilha da Grã-Bretanha.

Com uma área de aproximadamente 78.772 km², sua única fronteira terrestre é com a Inglaterra, ao sul. A Escócia encontra-se entre o Oceano Atlântico, a oeste, e o Mar do Norte, a leste.

O país inclui o território na Grã-Bretanha e diversos arquipélagos, como as Shetland, as Órcades e as Hébridas. O território britânico da Escócia pode ser dividido em três áreas, a saber: as *Highlands* ao norte, o Cinturão Central (*Central Belt*) e as Terras Altas Meridionais (*Southern Uplands*) ao sul. As *Highlands* são montanhosas e apresentam as maiores elevações das Ilhas Britânicas (Ben Nevis, 1.344 m, o ponto culminante). O Cinturão Central é plano, concentra a maior parte da população e inclui grandes cidades como Glasgow e Edimburgo.

Para melhor compreensão das dinastias que governaram a Escócia, destacamos que sua história começa com o reinado de Kennet I (843-858), com a assim chamada dinastia da Casa de Alpin, passando pela Casa de Dunkeld, seguida pela de Balliol, continuando com a Casa de Bruce (este vencedor da batalha de Bannockburn, batalha esta de independência de Escócia travada nos dias 23 e 24 de junho de 1314, no vau de Bannockburn, de terreno pantanoso entre o rei inglês Eduardo II, com 25.000 homens, e no comando das tropas escocesas estava Robert Bruce com 9.000 homens). Com a morte do herdeiro de Bruce, David II, começa a dinastia dos Stuart com Roberto II (1371-1390), neto de Roberto I, esta dinastia continua até Jaime VI (1567-1625), que se torna também rei da Inglaterra no ano de 1603. Segue a Jaime VI, Carlos I (1625-1649), este, executado pelos partidários de Oliver Cromwell.

Quando o parlamento liderado por Cromwell assume o poder, ocorre uma lacuna na Inglaterra como república (1649-1660) governada pelo Parlamento, até que novo rei da Casa dos Stuart (chamado pelo Parlamento por ironia para continuar com a monarquia que este Parlamento tinha derrubado) reinicia o sistema monárquico com Carlos II (1660-1685), este filho de Carlos I. No ano de 1707 o título de rei da Escócia e de rei da Inglaterra deixa de existir para dar lugar ao rei da Grã-Bretanha.

O reinado da Inglaterra e da Escócia sempre foi ligado a parentesco próximo (aliás, como o foi e é a Europa). Pelo fato de ambos países estarem em um complexo geográfico tão próximo entre si e tão longe do continente (para a época) criaram um sistema de governo que se mistura em ambas casas reais, parecendo chegar ao bom senso, em 1707, de ambos terem um único rei, mas a Escócia com independência para fins internacionais.

Existe muita confusão referente ao que hoje é a Maçonaria por não conhecermos, ou entendermos de seus primórdios. Por razão de muitas vezes não estarmos familiarizados, como a questão da monarquia, por exemplo, o período de reinado português foi de pouco tempo no Brasil, prevalecendo em sua história primordial moderna o espírito republicano. Outras questões estão relacionadas às traições, guerras, disputas de herança, travadas ao longo da história das monarquias entre as famílias européias, acontecimentos estes que não são de nossa cultura.

Esta cultura faz com que se faça muita confusão quando falamos em dinastias européias, e do porquê ainda prevaleça nas Lojas Maçônicas muito de seus Ritos ligados a estes primórdios. Trato de expor a principal influência do que foram as dinastias Tudor e Stuart, principalmente esta última, que vê nascer a Maçonaria moderna.

Os Tudor

A dinastia Tudor governou a Inglaterra de 1485 a 1603, portanto 118 anos. O principal acontecimento na época foi o rompimento com Roma, causado por Henrique VIII, que sucedeu o pai Henrique VII no ano de 1509. Por não ter filhos homens para sucessão, casou-se várias vezes à procura do herdeiro, chegando a matar algumas esposas. Esta ruptura com Roma o leva a criar a Igreja Anglicana, onde o monarca é seu chefe, ou seja, o representante de Deus na terra.

Por outro lado a estruturação na época medieval, para a modernidade da Renascença, leva muitos anos para acontecer. Ainda existem territórios comandados por famílias feudais de grande influência política, que mantinham uma dinástica local com seu reconhecimento simbólico no escudo da família, as cores que os representavam e outros modos de reconhecimento, para aquela determinada família, adotavam normalmente os nomes da região a qual eram donatários: os York, os Lancaster, etc.

A obsessão pela herança do trono inglês faz com que casamentos se alinhem para evitar disputas futuras. Foi o que fez Henrique VII (1457-1509), da Casa dos Lancaster, ao se casar com Elizabeth de York (1465-1503), filha de Eduardo IV (1442-1483), primeiro rei da dinastia da Casa de York, cessando desta maneira a disputa ao trono inglês, o que se denominou o fim da guerra das rosas.

Tudo pertencia ao rei, tudo girava em torno dele. As ligações familiares das monarquias européias são um emaranhado de traições, assassinatos, poder. Herança familiar para ocupar o trono. Uma família francesa reivindicando o trono inglês por linhagem direta, por seqüestro, assassinatos, essa história é construída paulatinamente.

Ricardo III (1452-1485)[18], terceiro duque de York, entra em guerra contra Henrique VI (1421-1471), da Casa dos Lancaster, ambas famílias descendentes de Eduardo III (1327-1377 [causador da guerra dos 100 anos por sua pretensão ao trono francês]), se confrontando na assim chamada guerra das rosas: Casa de York simbolicamente representada pela rosa branca; Casa Lancaster, pela rosa vermelha. Após sucessivas batalhas, o triunfo estava selado para a dinastia da Casa de York. Com a morte de Eduardo III, sobe ao trono Eduardo IV (1442-1483), seguido depois por Eduardo V, sucedido por Ricardo III;

[18] Os destinos da Inglaterra de 1154 a 1485, foram comandados pela família de ramo francesa, os chamados Plantagenet. Este nome decorre de uma flor usada no chapéu (*plante gênet*) por Godofredo IV, que deu origem à família, terminando com Ricardo III, que por sua vez dele se originam a Casa de York e de Lancaster, por intermédio do duque de York, Edmundo de Langley e a casa Lancaster por intermédio do duque de Lancaster, João de Gaunt.

este último morto em batalha dois anos mais tarde pelo conde de Richmond, descendente da Casa de Lancaster e de Tudor. O conde sobe ao trono como Henrique VII, casa-se com Elizabeth da dinastia York, sendo esta absorvida pela casa Tudor.

Seguindo nossa história, com a morte de Henrique VIII (1491-1547), que sucedeu Henrique VII, assume o reinado inglês Elizabeth I, esta sem herdeiros diretos. No leito de morte, decide que quem deverá governar será Jaime VI da Escócia , descendente de Margarida, filha de Henrique VIII. Assim o rei escocês Jaime VI se torna Jaime I da Inglaterra, no ano de 1603, iniciando a dinastia Stuart, que já governava a Escócia a partir do ano de 1371.

Os Stuart

Neste período se dão os acontecimentos históricos que irão causar uma profunda mudança social repercutindo até nossos dias.

Heráldico escocês.
(Observar o leão inglês no centro e a flor de lis francesa ao redor)

A dinastia Stuart reina tanto na Escócia a partir de 1371, como na Inglaterra entre 1603 e 1714.

O nascimento da dinastia se dá através do casamento de Walter Stuart com a filha do rei Roberto I em 1315. Deste casamento nasce Roberto II, que sucede a seu tio David II, começando assim a dinastia, na Escócia.

Uma filha de Jaime V, Maria Stuart (1542-1587), dotada de

habilidade política, muito bela e ambiciosa, casou-se em 1558 com o delfim Francisco, mais tarde Francisco II da França (1544-1560). Esta reivindica o trono inglês contra Elizabeth I, considerada ilegítima.

Quando da morte de Francisco II, Maria Stuart se casa com Henrique Stuart; desta união nasce Jaime VI (1566-1625), ascendendo ao trono escocês no ano de 1567, sendo que no ano de 1603 herda também o trono da Inglaterra, sendo coroado com o nome de Jaime I, por ser na descendência do trono inglês bisneto de Margarida de Tudor.

Esta dinastia se caracteriza por alguns de seus dignitários serem fanaticamente protestantes ou católicos, causando perseguições para o lado contrário que sua religião mirava.

No reinado, por exemplo, de Jaime II, um católico ferrenho entra em conflito com o parlamento inglês por querer restaurar as prerrogativas dos católicos na Inglaterra, como não cedia aos *whigs*[19] e outros partidos que compunham o parlamento, este (parlamento) chama Guilherme de Orange, casado com a filha de Jaime II, Maria, de religião protestante, desde 1677, depondo o sogro e assumindo o governo inglês como Guilherme III da Inglaterra e sua esposa como Maria II da Inglaterra. Jaime II foge para a França e morre em 1701. No continente fez várias tentativas para recuperar o trono com apoio de França e Espanha, sendo todas elas frustradas.

Após este conflito o Parlamento inglês decide eliminar do direito sucessório o ramo católico dos Stuart.

A dinastia Stuart acaba com Ana Stuart, filha de Jaime II que, não deixando herdeiros, reinou até 1714, formando uma dinastia, ascendendo ao trono a Casa de Hanover.

O remanescente da linha masculina dos Stuart foi o cardeal Henrique, duque de York, que faleceu no ano de 1807.

Estes conflitos eram permanentes do ponto de vista religioso

---

19 Partido político inglês majoritário que era ferrenhamente oponente ao rei, no uso deste, do absolutismo monárquico.

entre famílias. Em 1640 a Escócia presbiteriana invade a Inglaterra; neste momento os Stuart governavam Inglaterra, Escócia e Irlanda.

É importante destacar que nesse jogo religioso de ascendência e descendência dos poderes seculares, é que vai se formando o caráter esotérico (oculto) do que viriam a ser as sociedades invisíveis, evitando a perseguição de seus membros, mantendo a liberdade de pensamento, embora de maneira tímida mas incisiva.

Pequenos epítetos dessa cultura começam a tomar formas no uso de símbolos que representam toda uma estrutura social, não apenas com a questão heráldica, mas também com pequenos objetos, como vimos a rosa vermelha ou branca, sozinha, emergindo na cruz ou entrelaçando à cruz por quatro rosas, tornando desta maneira o símbolo objeto (rosa, cruz), bem como as cores que compunham o objeto (branco, vermelho), uma forma de reconhecimento do clã. Outros símbolos irão fazer parte deste linguajar esotérico introduzido pela Ordem Rosa-Cruz e Maçônica, que dão continuidade às antigas ordens religiosas, militares, filantrópicas.

Capítulo VIII

Os Contemporâneos da Loja de Kilwinning

Segundo historiadores é no século II que aparece o cristianismo. Várias datas esparsas indicam alguns acontecimentos: por volta do século II, a fundação da Igreja dos Culldees; em 715, o nascimento de São Vinnen celebrado até os dias de hoje; em 1140-1462, os beneditinos instalam seu monastério, a abadia de Kilwinning.

O escritor Paulo Iochitaka Tomimatsu, em conferência proferida na Loja de Pesquisas Maçônicas "Brasil", na cidade de Londrina – PR, no mês de abril de 2006, nos brinda com o seguinte relato de sua pesquisa:

> *A Abadia de Kilwinning foi construída por Hugh de Morville, alto oficial da Escócia e amigo do rei David I. A data provável do início da construção da Abadia é de 1140. Acredita-se que nessa época foi criada a corporação da fraternidade dos Maçons, que foi dotada de certos privilégios e imunidade. Este fato encorajou a imigração de artífices vindos da Itália, com a finalidade de edificar construções religiosas no estilo gótico. Assim quando foi construída a Abadia de Kilwinning, provavelmente foi fundada e construída a primeira Loja Maçônica da Escócia, cujos salões de reuniões se localizavam na parte Leste da Clausura. Ainda se vê nas ruínas das paredes da Abadia marcas e desenhos com motivos maçônicos, muitos deles de uma beleza rara. Após a Loja de Kilwinning sucedeu a Loja de Scoon e Bertha, ao redor de 1195, fato este confirmado pela escritura do arquivo da Grande Loja da Escócia.*

Templo Maçônico da Loja Mãe de Kilwinning. Data aproximada da construção, 1140

Continuando com William Schaw, Mestre-de-Obras do rei da Escócia, Jaime VI, redige regulamentos com o propósito de serem seguidos por todos os Maçons da Escócia.

Nele foi estipulado que nenhum Maçom deveria ser admitido sem ser testado e ser submetido a ensaios e trabalhos, e que cada Irmão deveria ter assiduidade, ser obediente e fraterno uns com os outros.

Este regulamento foi redigido em 27 de dezembro de 1598.

William Schaw também é destaque no ano de 1600-1601. David Stevenson em seu livro "As Origens da Maçonaria", 2005, nos relata:

> *No fim do ano um segundo código de estatutos foi emitido por Schaw, parcialmente endereçado à Loja de Kilwinning e mencionando também as Lojas de Edimburgo, e Stirling; e a Loja de St. Andrews é mencionada na ata de Edimburgo. Em 1600 ou 1601, William Schaw e representantes de cinco Lojas confirmaram a posição de William Sinclair de Roslin como patrono hereditário da Arte; as cinco Lojas incluíam uma não citada antes, Dufermline.*

Por este relato acima, podemos inferir que antes de ser criada a Grande Loja de Londres há mais de um século vindouro, as Lojas escocesas estavam organizadas de maneira independente e ao mesmo tempo unidas por intermédio de outras Lojas, sendo que se atinham a regulamentos emanados pelo Mestre-de-Obras do rei. Estimativa que na abrangência do século XVII, existissem na Escócia em torno de 25 Lojas, trabalhando segundo as regras estabelecidas pelo Mestre-de-Obras do rei.

Segundo Stevenson, ele cataloga as Lojas na Escócia pela data das primeiras referências assim:

1. *"Airchison's Haven", 9 de janeiro de 1599;*
2. *"Edinburgh", 31 de julho de 1599;*
3. *"St. Andrews", 27 de novembro de 1599; "Kilwinning", 28 de dezembro de 1599...*

Sendo que antes de 1710 haveria 25 Lojas Maçônicas na Escócia.

Para entender melhor o que leva a formação da reunião de pessoas com a mesma formação profissional em *Lojas*, temos que conhecer um pouco de sua história que também não é muito clara, permanecendo lacunas em sua evolução.

A palavra como a queremos usar em nossos dias vem do inglês arcaico, *luge*, edificação, barraco, onde residiam os pedreiros na época medieval e que servia também para guardar material de construção, era um anexo ao edifício que estava sendo construído, mas sem nenhuma ligação com arte ou reuniões como agora conhecemos, posto que não eram livres e estavam sujeitos às determinações do burgo[20] local.

---

[20] Burgos parece vir do nome da cidade de Burgos na Espanha, cidade esta que teve uma grande importância na época medieval, centro inclusive da arte gótica. A Enciclopédia Barsa nos traz um começo desta denominação: "**Burgos** – Sua história remonta ao ano 884, quando o conde Diego Rodríguez fundou uma fortaleza ao redor da qual se agrupavam várias aldeias ou burgos".
O dicionário Aurélio nos diz: na Idade Média, castelo, ou casa nobre, ou mosteiro, etc., e suas cercanias, rodeados por muralha de defesa, muitos dos quais vieram a transformar-se em cidades. Na Inglaterra, cidade ou vila que tem direito a eleger um ou mais representantes no Parlamento.

Os burgos eram o centro de atividade comercial, social de uma cidade, que tinha vida própria politicamente, com suas leis, mantendo uma soberania localizada de pouca área territorial.

Os administradores dos burgos determinavam salários a serem pagos, as obras a serem realizadas, a justiça a ser aplicada, enfim tudo o que seria necessário para manter uma cidade em boa relação com seus cidadãos.

As *luge* também evoluíram de conceito à medida que evoluíam seus ocupantes ou trabalhadores na arte de construir, à medida que a arte de construir era mais complexa.

Existe um édito real escocês de 1590 que trato de expor a seguir, segundo David Stevenson acima citado, referente às qualificações de um certo senhor Patrick Copland de Udoch:

> *Para uso e exercício do posto de inspetor da arte da Maçonaria, e que seus predecessores foram antigos possuidores do referido posto de inspetor por todas as fronteiras de Abirdene Banff e Kincarne, o que torna Patrick elegível e escolhido para o referido posto, com o consentimento comum da maior parte dos Mestres Maçons dos condados...*

Neste édito real, fica claro que as *luge* evoluem para uma organização, compostas por mestres pedreiros, que elegiam entre seus pares um inspetor geral para várias Lojas, sendo oficializado pelo rei, cargo este que ocupava enquanto vivesse.

Novamente vemos que as organizações maçônicas de várias Lojas estão subordinadas a um inspetor (fiscal), para observar o trabalho que estava sendo realizado por diferentes Lojas. Não devemos esquecer um fato importante, que estas obras eram financiadas pelo senhorio local e ou pela igreja, que eram os únicos que tinham o poder político e econômico.

Adiante veremos como Schaw, oito anos depois, determina como as Lojas têm que atuar, ou seja, criando normas, evoluindo para um profissionalismo. Stevenson nos diz: *"Ele [Schaw] reorganizou a arte do Maçom na Escócia e a dotou de uma nova estrutura e significado, e, assim, criou a Maçonaria Livre".*

O mais intrigante (para alguns) é o fato de pessoas consideradas de conhecimento superior por terem condições econômicas para tal, pertencentes à nobreza, cientistas, filósofos, livres-pensadores, terem sido Iniciadas na Maçonaria, tornado-a uma associação não mais de pedreiros livres (*free-masons*), passando a ser chamada de Maçonaria especulativa.

Neste espaço existem alguns aspectos históricos interessantes dentro da questão maçônica como arte de construção na Escócia. David Stevenson o situa entre 1600 e 1736. Vejamos alguns aspectos: Schaw tem a nomeação real, por outro lado existe a família Sinclair de Roslin, que reivindica o patronato dos Maçons como consta na primeira Carta de S. Clair: *"Os proprietários de terra de Roslin sempre foram nossos patronos e protetores, bem como de nossos privilégios"*. Parece que os Sinclair, agora sendo comandados por William Sinclair, teriam negligenciado esse patronato, reivindicando-o novamente após a nomeação de Schaw. Schaw concorda com a posição de William Sinclair:

> *Portanto os Maçons, com o consentimento de Schaw, haviam concordado que William Sinclair de Roslin e seus herdeiros obtivessem do rei a jurisdição sobre eles, como patrono e juízes. Sinclair teria poder para nomear juízes assistentes, e sua jurisdição se aplicaria aos burgos, bem como às zonas rurais. A comissão era assinada por Schaw como mestre-de-obras.*

Até este momento estamos tratando de Maçons, que mais tarde vêm a se digladiar para quem são subordinados; todavia, na primeira Carta de St. Clair existe uma concordância por parte do mestre-de-obras do rei, e a família que se diz protetora por herança do trabalho dos Maçons. Mais tarde o jogo de interesses é maior, de tal maneira que a questão se desenrola nos bastidores burocráticos do poder real, quem deve ter a hegemonia sobre as Lojas Maçônicas. Uma coisa sem importância de trabalhadores construtores se torna de uma importância sublime. Por quê? Podem existir muitas explicações: poder pelo poder, questões econômicas de interesse comercial, mas parece que a mais importante de todas está na Palavra do Maçom. Tudo indica que nesta época já existia a parte esotérica da Maçonaria operativa.

Continuando com Stevenson, ele nos relata:

> *Uma explicação pode ser que os Sinclair só se preocupavam com o lado externo, operativo, da arte do Maçom; por isso, a questão de admissão de outras artes aos segredos dos pedreiros*[21] *nem era levantada. Mas há evidências oriundas do fim do século revelando que os próprios Sinclair foram admitidos no lado Misterioso da Maçonaria: em 1697, foi relatado que os Sinclair de Roslin tiveram de receber a Palavra do Maçom.*

Nesta disputa que se torna acirrada a partir da segunda Carta de St. Clair, por volta de 1627-8, outros personagens entram na disputa, os protagonistas de tal contenda começaram a ser aceitos em Lojas como a Iniciação de Henry Alexandre, agora Mestre-de-Obras do rei na Loja de Edimburgo. Assim foram os Sinclair Maçons Iniciados que conheceram a Palavra do Maçom.

A disputa se encerra.

> *... a formação da Grande Loja da Escócia em 1736 (29 anos depois da Grande Loja da Inglaterra), quando ela foi apresentada com uma resignação formal por parte de William St. Clair (...) da sua reivindicação e de seus herdeiros sobre a arte. Em troca desse gesto, ele foi eleito primeiro Grão Mestre da Escócia.*

A questão de sua morte como Maçonaria operativa pode ser

[21] Há relatos que neste período os marteladores, que eram profissões separadas dos pedreiros com suas próprias *guildas*, bem como de outros artesãos que invariavelmente entravam na arte da construção como os vidraceiros, queriam unir-se aos Maçons operativos. "Em 1592, James VI concedeu o direito de eleger um Diácono (reitor, da Loja), e de formar uma incorporação da arte dos Maçons artífices e assentadores, e todos os outros artesãos", continua Stevenson, mencionando o direito da eleição segundo o edito de James VI "que trabalhem segundo a regra do esquadro e da linha; ou do compasso, sob a arte da Geometria". Mais tarde os marteladores podem ser vistos como "Maçons honorários".

entendida pelo acima exposto, mas por que esta associação de pedreiros atraiu tantos pensadores e nobres ? Exemplos são múltiplos desde seu começo. Tomimatsu nos disse: em 1672 o Conde de Cassilis se tornou diácono da "Antiga Loja da Escócia", como era chamada a Loja "Kilwinning", seguindo-se outros, "*sir Alexander Cunninghan, oitavo Conde de Erlinton, Lorde Cochrane e Robert Fergushill, este último posteriormente se tornou clérigo da Loja ["Kilwinning"]*".

Acredito que a resposta esteja, primeiro, na proteção recebida pela *guilda* de *free-masons*, por parte do governo e igreja, por estes serem artistas, engenheiros, arquitetos, que erguiam templos, levando com eles segredos de construção que vinha passando de mestres a aprendizes, e com aperfeiçoamento, por exemplo, da passagem de uma forma de arquitetura para outra. O relato que nos faz Barsa Planeta – UNESCO no livro terceiro, pág. 36, Patrimônio da Humanidade:

> *É interessante destacar que a catedral de Durhan (1104-1133) foi o primeiro edifício da Europa inteiramente coberto por abóbada de ogivas, e um dos primeiros onde foram utilizados arcos ogivais, componentes que vieram a ser decisivos no posterior desenvolvimento da arte gótica.*

Pelo acima exposto vemos que os construtores evoluem na arte não sendo, portanto, uma arte estacionária. Para que esta evolução aconteça, estudos arquitetônicos e de engenharia têm que ser realizados, para poderem levantar templos, abadias, castelos, de tamanha magnitude. Portanto, estamos falando de pessoas cultas, artífices, que para evitar degenerar seu trabalho, teriam que manter segredos sobre seus estudos e suas aplicações. Nos dias de hoje nos deparamos com o assim chamado segredo industrial, na obrigação de guardar segredos de tudo o que foi pesquisado, pelos cientistas em uma indústria. Para ter maior segurança se inventa a lei das Patentes, artifício legal, para ter maior garantia que o segredo não possa ser revelado e, se assim for, ter mecanismos legais de contestação, com penalidades contra quem deste segredo se apropriou.

Certamente o trabalho árduo, pesado, não especializado, era feito por mão-de-obra não qualificada, usando a mão-de-obra local, onde estas construções eram erguidas.

Continuemos com a referência acima citada (Barsa Planeta-UNESCO), que nos disse que foram *"vinte e três monges beneditinos que vieram de Wearmouth e Jerrow, que construíram o núcleo da nova fundação [a catedral de Durham]"*. Eles vieram do conjunto do monastério construído por São Bento (628-690) que, por sua vez, para realizar tal obra trouxe com ele trabalhadores especializados.

Vejamos o relato a seguir que nos faz Barsa Planeta-UNESCO:

> *Em 674 ele foi agraciado com vários acres de terra do filho de Oswy, Egfrid na foz do rio Wear, em Wearmouth, onde ele construiu uma grande igreja de pedra e um Monastério dedicado a São Pedro.*
>
> *Ele foi o primeiro a introduzir janelas de vidro na Inglaterra [nessa época a Escócia estava ligada à Inglaterra], que ele trouxe da França junto com pedras e outros materiais. Seus pedreiros, vidraceiros e carpinteiros ensinaram suas especialidades aos Anglo-saxões. Ele não mediu esforços no sentido de buscar o melhor e o mais belo para embelezar a sua igreja em Wearmouth (www.cademeusanto.com.br).*

Isto nos leva a pensar que as corporações de ofício já existiam na França (a palavra Maçom é uma palavra francesa para designar o pedreiro)[22] e parece, pelo relato acima, estavam mais adiantadas na arte da construção no continente do que na Ilha, e mais, estes artífices ensinaram a seus pares escoceses a arte, portanto lhe devem ter transmitido o segredo de seus conhecimentos[23].

---

[22] Dicionário Aurélio: a palavra Maçom é originária do frâncico, *makjo* "pedreiro". Gloss. A língua germânica ocidental dos francos, pertencente ao grupo de línguas do alto-alemão e responsável pelo grande estrato de elementos germânicos do vocabulário francês.

[23] Temos que salientar que existem referências que a Maçonaria tenha nascido na Itália. Esta afirmativa se refere a uma ordem papal dada na Idade Média para que pedreiros e artífices (não existem documentos comprobatórios) viajassem pela Europa construindo igrejas. Estes Maçons se reconheciam por intermédio de palavras e toques em segredo, fazendo voto de silêncio (muito comum na época com os novos monastérios criados pela igreja); atribui-se a Elias Ashmole este relato. Elias foi feito Maçom livre em 16 de outubro de 1646 na Loja inglesa de Warrington.

Há que destacar – por inferência –, que os 23 beneditinos, que iniciaram a catedral de Durham, eram pessoas especializadas na arte da construção, ou seja, tinham muito conhecimento de matemática, geometria, e, para realizar o trabalho pesado (de peão), certamente contrataram mão-de-obra local.

Em segundo lugar, partindo do pressuposto – como quis provar acima –, de que eram formadas por pessoas cultas, e que as mesmas também conheciam muito de alquimia e que estavam revestidas por um manto esotérico (o que nos demonstra os baixo relevos em suas construções), é de se supor que muitos intelectuais vissem estes senhores como seus pares, por eles serem também intelectuais, mas que gozando de uma proteção inusitada na época de corporação livre, protegida a *guilda* pela igreja e pelo monarca, outros que não *free-masons*, devem ter buscado seu abrigo, como maneira de vangloriar-se, de pertencer a uma instituição de respeito, talvez no sistema de simbiose, com apoio monetário de fidalgos para com a corporação ou, buscando proteção contra perseguições religiosas, entre outras, e isto acontece porque a corporação começava entrar em decadência a partir do século XVII, abrindo suas portas para outros entrarem.

Não esqueçamos que ninguém reforma uma estrutura quando está dando certo. O primeiro sinal de decadência é quando outros começam a questionar os alicerces, que estão a ruir, entram paulatinamente, para depois se apoderar de tudo, exercendo depois hegemonia, inclusive desfigurando o que antes lhe tinha acolhido.

Parece haver um consenso entre os historiadores Maçons que a Maçonaria nasce na Escócia.

Antes de chamar-se de Maçonaria a instituição que funciona como qualquer *guilda* de ofício, seus componentes são chamados de *free-masons,* uma palavra composta por uma terminologia anglo-saxônica com frâncico (francesa). Pela tradução livre, *free*, com tudo o que esta palavra no vocabulário anglo-saxão significa: liberdade de ação, independente, autônomo, franco, isento, ilimitado... e *mason*, no que se refere a pedreiro, com uma denotação generalizada, de construtor, sem especificação de especialidade. Não se sabe quando isto ocorre, não em relação à corporação da *guilda* propriamente dita, mas quando começa a levar o adjetivo de **livre**.

É portanto a mesma corporação de construtores (como profissionais) que veio evoluindo através do tempo, que antes eram chamadas de *Collegias*, depois de *Mestri Comancino*, e depois com o nome de Maçonaria. Por terem sido privilegiados seus componentes com a palavra de ***free**-masons*, ou seja, com a liberdade de ir, vir e agir, sem obstáculo para exercer seu ofício específico de pedreiro.

Isso não quer dizer que a Maçonaria existia como tal em tempos idos, pode até ter havido semelhança de atuação filosófica, trabalho, mas apenas a Maçonaria como tal é reconhecida no contexto da época como uma sociedade, provendo-lhe com regalias que ultrapassam o comportamento político-religioso donde se encontra inserida.

Este talvez seja o principal fator de confusão existente naqueles que, quando começam a inserir a Maçonaria num contexto histórico, a encaminham aos confins da história.

A história da humanidade vai se costurando de retalho, de glórias e fracassos, cada pedaço de tempo serve para se juntar ao vindouro, dando-lhe subsídio de evolução, segundo o que para a história interessa nesse exato momento.

Capítulo IX

Os Templários como Parte da História Maçônica

Outro capítulo da história que veio a fazer parte no contexto maçônico são os Templários. Novamente quero deixar claro que os templários não fizeram Maçonaria, mas que a Maçonaria teve influência e evoluiu com esta instituição de monges guerreiros, não há duvida.

Nos últimos anos tem havido uma verdadeira enchente de livros referentes aos Templários, que contam suas sagas guerreiras; eles como banqueiros; os templários como pessoas que procuram o santo graal; os construtores de templos, abadias, castelos; o poder do dinheiro; os únicos que obedeciam diretamente ao papa; enfim, uma instituição que adquiriu tal poder, que paradoxalmente foi destruída por causa de seu poder.

Sua influência era ilimitada na Europa medieval, como no Oriente, posto que eram os guardiões de Jerusalém. Entrar na história desta agremiação medieval não está a meu alcance, mas alguns tópicos podem ser revistos para entender melhor sua influência na Maçonaria.

Tratarei de abordar a questão onde a maioria dos autores é quase unânime nos registros deixados pela história, deixando de lado as sagas épicas contadas em livros dando-lhes um ar de invencibilidade e heroísmo, dos guerreiros montados em cavalos majestosos, barbas sempre bem aparadas, com suas túnicas brancas sempre bem lavadas, levando impressa uma cruz vermelha representando a cruz de Cristo, sua delicadeza nos modos, de possuírem embalsamada a cabeça de Cristo; isto é representação dos heróis. Vamos por outro lado tentar entender a realidade histórica, tratando de pular a lenda.

Tudo é um emaranhado de elos, assim como os Cavalheiros Teutônicos de inspiração templária deram origem por intermédio de Himmler às SS nazistas; os assassinos da Síria, descendentes dos sicários judeus que mais tarde viriam ser os homens-bombas do Hesbollah. Assim os templários nascem de hostes assassinas com uma finalidade, segundo eles, de alto preceito moral, como guardiões da cidade santa de Jerusalém, que depois degenerariam para questões de ordem pessoal.

A relação dos templários com a Maçonaria começa quando estes acabam, ou seja, após a prisão do Grão-Mestre dos templários, Jacques De Molay, na sexta-feira, 13 de outubro de 1307, e seu assassinato na fogueira, não sem antes ter sido preso, cruelmente torturado, padecendo nos cárceres de Felipe IV, o Belo rei da França, durante sete anos, tempo suficiente para que outros templários conseguissem fugir da inclemência do papa e do rei que, em conluio, foram os responsáveis pelo fim dos templários.

Jacques De Molay, último Grão-Mestre dos Templários

Os historiadores concordam que a ganância de Felipe, querendo pôr a mão na riqueza dos templários, foi a causa da derrocada dos mesmos. Este senhor já tinha história de pilhagem; no ano de 1306, expulsou os judeus da França confiscando seus bens que passaram para a coroa. Tudo por causa da dilapidação do tesouro do reino com a guerra que perdeu contra a Inglaterra e a que ganhou contra Flandres.

O enredo dessa história é muito peculiar para com o que se passa nos altos escalões de governo, onde a inveja, calúnia, mentiras são mais comuns que a sinceridade e a confiança, mas no caso específico que nos referimos o jogo estava mais na questão do poder temporal *versus* religioso.

Felipe, não aceitando o papado imiscui-se em seu reino, o papa responde com excomunhão; Felipe responde com bloqueio das contas do papado que saem da França para o Vaticano; o papa responde com o que a igreja chamava de supremacia universal, ou seja, *plenitudo potestatis,* a "plenitude do poder", entenda-se todo poder, secular e transcendental; Felipe responde com o aprisionamento do papa em sua sede. Este jogo de gato e rato, onde o poder é a questão suprema, faz com que Felipe ultrapasse os argumentos papais e parta para o plano que já estava planejado e que começa a ser executado: a prisão dos templários.

Tudo indica que Bonifácio nada sabia das pretensões malévolas de Felipe, colocando-se inicialmente a favor dos templários e criticando Felipe por sua ousadia, já que a Ordem do Templo respondia diretamente ao papa, de acordo com o referendo do concílio de Troyes no ano de 1129, estando presente neste concílio Hugo de Payns, Grão-Mestre dos Cavalheiros do Templo, e Bernardo, abade de Clairvaux, patrono dos monges guerreiros e grande responsável por sua criação.

A seqüência que se segue após o arresto de Jacques De Molay e a proibição dos templários, confirma a insegurança do papa de se tornar impopular perante o povo que admirava a estampa templária. Em sua primeira encíclica o papa – agora Clemente V – no mês de março de 1312, por intermédio da bula *vox in excelso*, condena a Ordem do ponto de vista apostólico.

Piers Paul Read em seu livro "Os Templários", 2001, nos traz parte desta encíclica:

> *Por um decreto irrevogável e perpetuamente válido, nós a submetemos à proibição perpétua com a aprovação do santo concílio, estritamente proibindo qualquer um de conjeturar entrar para a referida Ordem no futuro, ou de receber ou usar seus hábitos ou de agir como um templário. E qualquer um que agir contra isto incorrerá na sentença de excomunhão* ipso facto.

O golpe final seria dado no mês de maio de 1312, com a bula *Ad providam*, onde transfere todas as propriedades dos templários para a ordem dos Hospitalários, mas não todas, porque ficam fora as propriedades em Aragão, Castela, Portugal e Maiorca. Confirmando o conflito existente entre a igreja e o poder temporal; disse-se o mesmo na Escócia e Alemanha.

As razões que levaram Felipe para o extermínio da Ordem são várias, além da ganância do lendário tesouro nunca encontrado, em primeiro lugar o ódio que sentia pela Ordem por ter sido rejeitado por esta quando a seu pedido queria ser participante como cavalheiro Templário Honorário, a Ordem não aceitou negando-lhe de maneira humilhante. Já havia antecedentes de Templários Honorários como foi o caso de Ricardo Coração de Leão, rei da Inglaterra.

Em segundo lugar, os templários já possuíam uma grande base no Oriente que era a ilha de Chipre, mas queriam algo mais, um principado, encravado nos arredores da França em terras que o próprio Felipe questionava como suas; eles queriam algo semelhante como os Cavalheiros Teutônicos possuíam na Prússia e no Báltico o *Ordenstadt*, seria como um país independente no enclave da Europa.

Após os decretos papais que eram submissos à coroa francesa os retalhos das propriedades dos templários ficam sob domínio ora dos Hospitalários, ora dos reis, onde as propriedades dos templários estivessem em seu território geográfico de poder.

Piers Paul Read em seu livro acima citado nos diz:

> *Eduardo II [rei da Inglaterra] já tinha arrendado algumas das propriedades dos templários e advertido a Ordem dos Hospitalários para não se aproveitar da **Ad providam** para "usurpar" o patrimônio dos templários.*

Escudo templário, dois monges usando a mesma sela. Alguns acreditam que esteja representado o voto de pobreza

No desenrolar que se seguiu à prisão de seus componentes, por ter sido uma coisa no mínimo inusitada, covarde e pela amizade que estes – templários – conseguiram por intermédio de sua penetração nas cortes européias, muitos deles são alertados dos acontecimentos que estão seguindo seu curso como planejado por Felipe, das prisões em massa. Sempre irá existir aquele que alerta – por vaidade de que sabe mais, por traição, por simpatia –, para o que está prestes a acontecer (a ordem de Felipe em prender os templários). Muitos dos cavaleiros templários não acreditaram, outros acreditando, tratam de fugir, a grande maioria escapa das garras de Felipe o Belo.

Autores relatam que os conhecimentos prévios das pretensões de Felipe eram conhecidos. Alguns argumentos: não se conhece nenhuma reação do Templo contra as prisões executadas a mando de Felipe; a frota templária desaparece dos portos da França e Inglaterra sem deixar vestígio; dias antes, saem da França com o tesouro(?) não se sabe para onde; não há relatos que nas inúmeras preceptorias mantidas pelos templários, tenha-se encontrado armas, parecendo que estas foram removidas do local quando das prisões, sugerindo o conhecimento prévio do decreto real de Felipe; o fato de Jacques De Molay ter ficado e ser preso, sugere que ele fica para enfrentar a justiça, para defender a Ordem, posto que tendo muitos admiradores eram suficientemente fortes em argumento para enfrentar Felipe e o papa.

Novamente Piers Paul Read nos traz um relato interessante:

> *É inconteste que, num depoimento prestado no julgamento dos templários, um sargento, João de Châlos, afirmou que Gerard de Villers, o preceptor da França, tinha sido advertido de sua prisão iminente e, portanto, fugido com dezoito galeras com o tesouro dos templários. Se assim foi, o que aconteceu com esse tesouro? George Federic Johnson disse que ele fora levado para a Escócia, e um de seus seguidores especificou a ilha de Mull.*

A rota mais viável de fuga seria a Irlanda com destino final a Escócia, no reino de Bruce; este era excomungado, estava em guerra com a Inglaterra pela independência da Escócia. Nada melhor que uma ajuda de guerreiros treinados vinda em boa hora para Bruce.

É sabido pela história que quando líderes morrem pela espada, por vingança, seus agressores conseguem convertê-los em mártires e enaltecê-los como heróis, santos, super-homens. Com o tempo começam os milagres e as lendas construídas para reverenciar o mártir e engrandecer sua estada pela terra, tramas mirabolantes de episódios heróicos, simples batalhas se convertem em epopéias. Enfim, chega-se a um ponto em que a fantasia se mistura com a realidade; foi o que aconteceu com a Ordem do Templo e seu último líder Jacques De Molay.

Mas uma coisa é certa, quando os gatos invadem o ninho dos ratos, a correria dos que não são pegos é a regra. Foi o que aconteceu com os templários. Em primeiro lugar nem todos foram pegos, é bem verdade que grande parte de seus líderes foi aprisionada, mas muitos fugiram, não esquecendo que outros não se encontravam na Europa continental, estavam, por exemplo, na ilha de Chipre; em segundo lugar foram cinco anos desde a prisão até a sentença de morte, tempo suficiente para se organizarem na clandestinidade, não esquecendo que os mesmos teriam que ter uma rede de contatos organizada na Europa e Oriente, por causa das garantias às cartas de créditos, que estes emitiam em favor dos comerciantes que viajavam nas estradas cheias de saltadores; em terceiro e último lugar, todos os historiadores são unânimes que na época em que isto acontecia a frota no Mediterrâneo era monopolizada pelos templários, portanto, todas as mercadorias que entravam e saíam dos portos, espanhóis, italianos, franceses, escoceses, estavam sendo administradas pelos responsáveis da frota templária.

Não é de se admirar que na fuga muito dinheiro foi levado, bem como mercadorias de troca; não esqueçamos que o suborno faz parte de nossa humanidade, assim como o ar que respiramos; não esqueçamos que nosso instinto de conservação é muito poderoso; não esqueçamos que a humanidade admite o dinheiro como poder e poder, em uma de suas interpretações é subjugação, é também sobrevivência; não esqueçamos da ambigüidade do poder *ad eternum*, se o papa ou o rei, era de uma rivalidade escandalosa; não é de estranhar que muitos governantes protegeram os remanescentes templários, posto que sabiam que não estavam tratando de pessoas comuns, eram construtores de igrejas e castelos, tinham poder de infiltração, eram cultos, eram ricos.

Foram estas razões que levaram o sultão sarraceno de Tunis a dar guarida a Bernardo de Fontibus, ex-preceptor de Corberis "*...foi enviado como embaixador pelo sultão de Tunis à corte do rei James II em Barcelona*". Embora não o prove, mas podemos indagar que muçulmanos deram guarida a fugitivos, pode-se dizer que os negócios superam qualquer ideologia política e ou religiosa. Juan G. Atienza em seu livro "A Meta Secreta dos Templários", 1981, nos relata:

> *Estou convencido da possibilidade de o Templo ter sido aglutinador das confrarias de construtores. Creio mesmo que, eventualmente, houve frades que estiveram integrados nessas lojas e intervieram na qualidade de enviados extra-oficiais da Ordem, na concepção e própria construção dos templos góticos. A integração templária na irmandade de construtores teve, por outro lado, uma conseqüência: muitos templários fugidos da França em virtude de sua perseguição, foram procurar refúgios entre as sociedades de canteiros estabelecidas na Inglaterra, Portugal e territórios alemães.*

É plausível que a Escócia também tivesse recebido grande parte dos fugitivos: proximidade territorial, facilidade de arribo das galeras nos portos escoceses, longevidade para informações, terreno inóspito. Dizem que estiveram até na Patagônia chilena, por causa de uma cruz de malta muito antiga encontrada, cruz esta símbolo dos templários. E mais, foram admitidos na Espanha acobertando-se com os hospitalários, ingressando em seu meio.

Se isto acontecia é porque alguma coisa positiva estes senhores fizeram, ou quem sabe a cobertura poderia ser dada por causa da busca do famoso tesouro templário, ou talvez uma maneira de contestar o papa em conjunto com o rei da França, esta eterna inimiga da Inglaterra, Espanha e outros países vizinhos.

Uma coisa é certa, a fuga foi em massa assim como as prisões, nunca houve aceitação unânime na condenação dos mesmos por parte do povo, bem como dos senhores monarcas.

Na realidade não houve uma total aniquilação da Ordem do Templo; em países como Portugal, por exemplo, estavam muito bem arraigados seus princípios. Quando da bula *Ad Providam* foi pronunciada, em Portugal imediatamente a ordem do Templo se converte na Ordem de Cristo, isto porque no passado – séculos XII e XIII – os templários haviam ajudado o reino de Portugal a combater contra os mouros, sendo-lhes doadas pelo rei grandes propriedades de terras. Quando a Ordem de Cristo é criada pelo rei D. Dinis, todo o patrimônio templário passa para esta Ordem, ou seja, apenas mudou de nome. Esta Ordem segue uma filosofia de investimento na exploração marítima, levando a cruz da Ordem em todos os navios, como fez Pedro Álvares Cabral e Vasco da Gama, entre outros grandes marinheiros, em sua grande maioria, associados à Ordem de Cristo.

Cruz Templária (Patée)

Cruz da Ordem de Cristo

Voltando a Juan G. Atienza, este nos relata:

> *... no reino de Portugal, quando a Ordem dos Templários foi dissolvida definitivamente pela Igreja no concílio de Viena de 1312, se criou, imediatamente, outra Ordem monástico-militar*

– a Ordem de Cristo (1318) – que não só acolheu todos os templários do reino como muitos outros – sobretudo franceses – que se refugiaram lá, fugindo às perseguições que se registravam em França. A ordem de Cristo herdou todos os bens do Templo em Portugal e continuou a sua obra. Estabeleceu-se nos mesmos castelos, possuiu os seus conventos próprios e exerceu uma enorme influência sobre os reis, que aconselhou a todo momento. A Ordem de Cristo foi a verdadeira criadora da escola náutica de Sagres, e dos seus estaleiros de Nazaré saíram as caravelas que empreenderam as grandes travessias marítimas pelo Atlântico.

Acontece o mesmo em outros países: em Salamanca a Ordem de Santiago, na Inglaterra é criada a Ordem dos Cavalheiros de São Jorge. Na Espanha foi criada a Ordem Montesa, para dar refúgio aos monges-guerreiros, fugitivos.

A Ordem dos Cavaleiros Teutônicos, criada no Acre, Palestina, após derrota dos cruzados em Jerusalém, foge para a Transilvânia, tornando-se poderosa militarmente mas vencida na batalha de Grunwald, por um exército combinado de poloneses e lituanos. Extinta por Napoleão em 1809, ainda exerce influência seu ícone, uma cruz negra que nos primórdios seus soldados cruzados a levavam impressa numa túnica branca; é a origem da "cruz de ferro", condecoração alemã por bravura aos soldados que lutaram nas duas grandes guerras; a partir de 1929 o papa Pio XI a transforma em uma Ordem clerical composta por padres e freiras, com objetivo assistencial. Esta mudança de nomes obriga também a mudanças de atuação (como vimos o que aconteceu com a Ordem de Cristo agora mais ligada a questões marítimas), mas permanece o centro de uma filosofia focada na universalidade de uma ética que se pratica nos moldes de nossa humanidade.

Esta mudança com o desmembramento dos templários caindo na clandestinidade, obrigando-os a se organizarem em outras instituições ou Ordenes, criadas para eles se abrigarem, como foi na Espanha

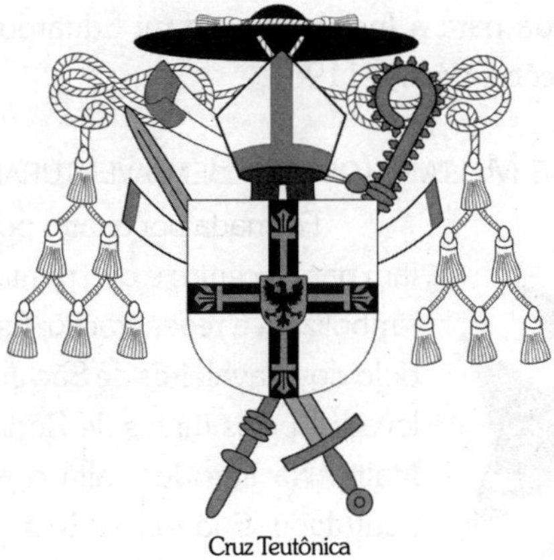

Cruz Teutônica

com a Ordem Montesa, para dar refúgio aos monges-guerreiros, fugitivos, ou mesmo entrando nas já existentes, leva em consideração posturas futuras de novos ataques na recente traição que sofreram. Não é de se estranhar que nestas circunstâncias se criem maneiras de reconhecimentos secretos entre seus adeptos.

Muitas Ordens são criadas neste período, outras já eram contemporâneas da Ordem do Templo, todas de inspiração templária, e esta última – os templários – inspiram seus ritos de Ordens existentes no Oriente: Ordem de Alcântara, 1156, militar, espanhola, adota as regras de São Bento; Ordem de Avis, portuguesa, 1147, criada por D. Afonso Henriques; Ordem de Calatrava, espanhola, militar, 1164, incorporada à coroa em 1493; Ordem de Malta, também chamada de Ordem de São João de Jerusalém criada pelos cruzados em 1048, instala-se em Chipre, vem a ser a Ordem dos Hospitalários, conhecida também como Ordem de Rodes; Ordem de São Lazaro de Jerusalém, 1120, de característica hospitalária, atua em Jerusalém, no assistencialismo; Ordem de São Tiago da Espada, 1164, militar, sua função é proteger peregrinos que visitam o túmulo de São Tiago Maior em Compostela, Espanha, no futuro se funde com a Ordem de Calatrava; Ordem dos Cavaleiros do Oriente, seus membros tinham como ornamento uma cruz entrelaçada por quatro rosas, segundo relatos foi trazida para a Inglaterra pelo rei Eduardo I em 1188, e funda-se na Escócia no ano 1196.

CRUZ DE MALTA – (OU DAS BEM-AVENTURANÇAS):

Formada por quatro pontas que apontam para o centro e oito pontas externas que simbolizam a regeneração. Esta cruz foi símbolo dos Cavaleiros de São João, que foram levados pelos turcos de Rodes para ilha de Malta. Na ilha de Malta o apóstolo Paulo naufragou. Sua forma de quatro pontas de flecha apontando para o centro faz dela uma cruz de meditação.

CRUZ PATÉE:

É freqüentemente confundida com a de Malta. É a cruz que muitos cavaleiros e ordens religiosas portavam em suas vestes como símbolo de distinção; vermelha os templários, branca os hospitaleiros e negra os teutônicos. Nestes últimos derivaria na cruz de ferro.

Tomando como exemplo apenas uma Ordem de como se desenvolviam estas associações, importadas do Oriente para a Europa, tomarei como base a Ordem de São Jorge.

São Jorge, patrono dos cavaleiros, arqueiros e fabricantes de sela para montaria, nasceu em Capadocia, século III, morrendo na Palestina, após ter sido barbaramente torturado pela tropa romana de Deucleciano, por não se submeter à renúncia do cristianismo como sua religião, enterrado na Palestina, onde se ergueu uma basílica em seu nome, ponto de peregrinação cristã antes dos cruzados chegarem à Palestina, sendo mais tarde esta basílica destruída por Saladino.

São Jorge como lenda surge na época das cruzadas, por uma errônea interpretação de uma imagem de Constantino onde o imperador pisava em um dragão, que simboliza a humanidade.

Na época onde ainda se confundia história com mitologia, atribuem a Perseo, matador de um monstro para libertar a bela Andrômeda. São Jorge elevado simbolicamente a Cristo, é o grande lutador contra o mal sempre derrotando e subjugando o dragão sob seus pés. Os cruzados tomam este símbolo do dragão para justificar a luta que mantinham contra o mal, o Islã.

Na Inglaterra, através dos normandos, o mártir é elevado a patrono do país em 1348. Eduardo III cria o grito de guerra (como protetor dos combatentes) "Saint George for England!!". É criada nesta época a Ordem dos Cavaleiros de São Jorge, conhecida também como a Ordem da Jarreteira.

Na época templária houve uma verdadeira enxurrada de ordens religiosas, religioso-militares, assistenciais, algumas morrem em seu casulo, outras progridem, outras se fundem com as congêneres. Disto resulta o caminhar da história até nossos dias, com muita influência em nossa atual estrutura social, tanto é assim que a grande maioria das condecorações militares ainda usa os emblemas ou ícones dessas ordens, principalmente ao que se refere à cruz, seja ela latina, grega, suástica.

Estas ordens em linhas gerais cultivavam a liberdade; eram verdadeiros cavalheiros, como diríamos nos dias de hoje; tinham um código de honra de ajuda às viúvas, de seus pares mortos em combates; tratavam de exercer a justiça como regulamento de sua ordem; acreditavam em um ser supremo, posto que todas estavam ligadas ao serviço da igreja, dando suas vidas se necessário fosse; usavam ritos de iniciação para passar segredos e, com muito mais razão, é de se supor que estes segredos agora tinham um grande significado por causa da história recente da traição sofrida pelos templários.

Eles assim eram, mas não eram Maçons, apenas foram os

precursores que, num futuro próximo, lançariam a futura pedra angular na criação da Maçonaria. Os Templários provavelmente evoluem mais tarde na Guarda Escocesa, corpo de elite do rei da França, que para os pesquisadores "de campo", como eles mesmos se autodenominam, Michel Baigent e Richard Leigh em seu livro "O Templo e a Loja", 2006, após um trabalho de investigação concluem:

> *A Guarda Escocesa... parecida com uma instituição neo-Templária (...). Os nobres que compunham a Guarda eram herdeiros das tradições templárias (...). Uma parte desse conjunto já encontrara o seu caminho de volta na Escócia com o casamento de Marie de Guise com James V, mas uma parte do conjunto também foi levada de volta pelas famílias que compunham a Guarda Escocesa. A fusão resultante haveria de se tornar o verdadeiro núcleo de uma Ordem que viria a surgir – a Franco-Maçonaria.*

Além do prestígio que possuíam na época, tudo indica que a Guarda Escocesa foi a continuidade dos templários fugitivos que chegaram à Escócia e encontraram terreno propício, dando a Bruce uma inestimável ajuda, principalmente do ponto de vista militar, treinando soldados e fazendo parte em guerras por este travada contra a Inglaterra, como foi a famosa batalha de Bannockburn, onde parece que foram decisivos para pender a batalha a favor de Bruce, tornando a Escócia independente da Inglaterra.

Há muitas fontes que dão aos templários um caráter também místico. Escritores que atribuem às construções templárias um misticismo, que reúne sabedoria esotérica, começando com a cruz templária ou assim chamada de Patée. Cruz esta que se origina da cruz latina, mas com angulação em cada braço de 36° que se converte em módulo arquitetônico oculto, nas construções octogonais, característica das construções templárias, que predispõem inclusive para um sincretismo religioso, fugindo dos padrões de construção clássica.

Alguns querem admitir tal sincretismo até em escritos que ainda não considerados irrefutáveis do ponto de vista histórico.

Espanha

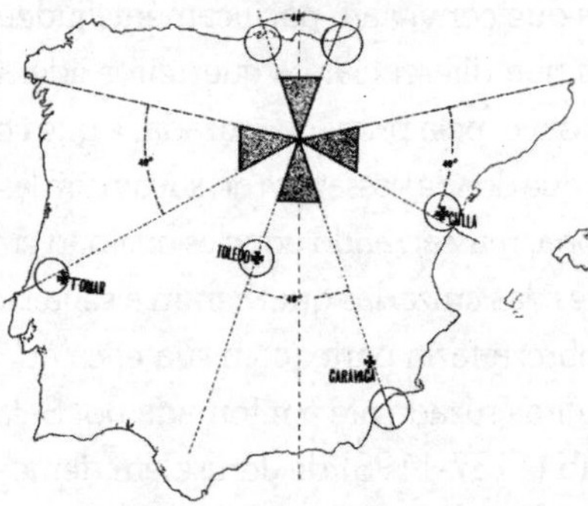

Ucero como centro de uma cruz templária cósmica de 40 graus

A Meta Secreta dos Templários, segundo o escritor Juan G. Atienza, quando nos cita o *manuscrito de Hamburgo*, seria uma série de recomendações em caráter secreto redigido por Roncelin de Fos no século XIII e encontrado no ano de 1794 nas caves da biblioteca Corsino dos arquivos do Vaticano, onde o artigo 23 desses estatutos diz:

> *Se judeu ou sarraceno te convida para a tua mesa, come de tudo o que te apetecer e despreza os hipócritas que condenam a convivência e rejeitam o alimento que Deus criou, em vez de agradecer ao Senhor o que concede ao Homem.*

No artigo 24 diz:

> *Faz a guerra com justiça e caridade, trata de proteger o fraco e castigar o culpado. Sobretudo, não penses em aproveitar-te da glória nem da fraqueza dos príncipes, nem pratiques o saque. Durante os tempos de paz, recorda que o teu Deus é o mesmo dos Judeus e Sarracenos.*

Os cavaleiros tinham uma ética guerreira, eles viviam sempre lutando entre si, nos pequenos reinos de uma Europa cheia de retalhos. Uma causa nobre que se abre como perspectiva foi quando da criação das Cruzadas, para lutar contra aqueles que mantinham cativo Jerusalém, mas que conviviam pacificamente judeus, muçulmanos e cristãos. Temos que diferenciar os guerreiros liderados por Pedro, o Eremita, responsável pela primeira cruzada, e que consigo levava pessoas ignorantes, que donde passavam deixavam um lastro de dor e morte, mesmo na Europa, massacrando aqueles que não eram cristãos.

Diferentes das cruzadas que vieram a seguir, onde os cavalheiros, isto é, a nobreza fazia parte, com sua ética guerreira.

Da primeira cruzada até a retomada por Saladino, Sala al-Din Yusuf ibn Ayyub (1137-1193) de Jerusalém, temos muita coisa que aprender. Comecemos por este homem Saladino, reconhecido como um homem cavalheiro, magnânimo na derrota, o comportamento que teve de uma pessoa civilizada na vitória contrasta com as chacinas que os cristãos praticavam quando nas conquistas de cidades.

A convivência com os muçulmanos (estes forneciam para as tropas invasoras, alimentos e manutenção primária) nestes 88 anos, embora com a expulsão pelas forças combinadas de Saladino, proporcionou troca constante de correios diplomáticos entre os líderes, convivência, aprendizado, amizade, ocasionados pelos armistícios.

Os muçulmanos, quando mantinham sob seus domínios Jerusalém, jamais bloquearam o acesso dos cristãos ao túmulo de Cristo, na igreja do Santo Sepulcro construída por Constantino, no século IV, que era o santuário mais sagrado da cristandade; portanto, havia uma convivência pacífica entre as três religiões, desde 638, que é a data da tomada pelos muçulmanos de Jerusalém.

Lutar por uma causa emocionalmente comprometida como foram as cruzadas, e logo depois conhecendo mais sobre os derrotados, há uma transformação dos indivíduos, que começam a ver sua luta de outra forma, se dão conta que muçulmanos e judeus rezam para o mesmo Deus de nomes diferentes; suas angústias, valores morais, família, tudo se dá por igual entre eles, talvez com pequenas variações, mas permanecendo sua essência.

Os europeus aprenderam muito com os muçulmanos, muito

aprenderam também com os judeus e estes aprenderam com os egípcios. De maneira grosseira podemos dizer que medicina, astronomia, arquitetura foram legados muçulmanos; filosofia, esoterismo, entendimento melhor sobre a Bíblia por ter tido contato direto com o Torá e ou Pentateuco, foram legados judeus. Dando-se conta que a raiz da descendência em Abraão, Moisés e os profetas, eram os mesmos que as três religiões santificavam, eram os mesmos personagens que os judeus, cristãos e muçulmanos veneravam.

Acima expunha o fato de líderes sarracenos darem guarida a monges guerreiros após as prisões e os éditos papais, que se seguiram oficializando o extermínio da Ordem do Templo, significando com isso a amizade e proximidade que estes tinham. Independente de suas crenças religiosas, estava-se tratando com pessoas mais evoluídas, do que normalmente existiam na época.

Do caos nasce a luz, tratemos de pôr *Ordo ab Chao.* Foi neste caos de chacinas guerreiras que nasceu a luz para o Ocidente levando para a Europa ensinamentos de valor inestimável; nesse contato que houve entre oriente e ocidente, certamente outras vias houveram, mas, sobretudo, o aprendizado da tolerância foi o maior valor oferecido por ambas as partes. Esta tolerância talvez seja o melhor legado que os europeus levaram consigo e que pouco a pouco se foi aprendendo na lida perene do aprendizado. Neste emaranhado de guerras, ódios, também houve oportunidade para a compressão entre povos que se entrecruzaram nesses caminhos por séculos, sejam eles gregos, mesopotâmicos, egípcios, árabes, europeus, enfim, a encruzilhada da humanidade, que é onde se ascende à luz para ser distribuída às massas ainda ocultas com o manto negro da ignorância, intolerância e fanatismo.

Estes ensinamentos viajam por intermédio das galeras templárias, no conhecimento dos filósofos nas cortes; dos cientistas que se questionam da composição da luz, de tratados em medicina, astronomia; de engenheiros que aprenderam com a dinastia aiúbida fundada por Saladino, de grande conhecimento na engenharia militar. Nada se perde, o aprendizado se transforma conforme a sociedade evolui.

É o legado dos Templários para os que viriam a ser os construtores dos templos românicos, góticos, não descuidando o fator esotérico, alquímico; guardando bem o segredo para que este primor de conhecimento não caia em pessoas erradas, vulgarizando-o; tendo uma associação para cuidar de seus sócios e estes transmitir por sinais de reconhecimento a identificação de seus pares, para evitar que o conhecimento seja transferido para alguém que ainda não está habilitado para entendê-lo; eles viajam constantemente, têm que ter a proteção de sua *guilda*, que também é protegida da igreja e do monarca, porque são reconhecidos como pessoas de utilidade pública.

Capítulo X

Juntando as Partes

Há mais de cinco mil anos que nossa história é contada pelo calendário judaico, base de nossas religiões islâmica e cristã, vivemos uma história que é a mesma história do ano primeiro, tudo se repetindo, tudo na busca perene do que somos. É um verdadeiro emaranhado de encruzilhadas que muitas vezes parece não encontrar saída, e quando isto acontece se degenera no caos, interpretado por guerras, revoluções, ou mesmo catástrofes naturais, como foi o dilúvio, que nos relatam os livros sagrados de nossa humanidade.

O homem ao não entender a degeneração de uma sociedade, ao não compreender do porquê aquilo estar acontecendo, trata de se proteger inventando a lenda, sendo uma maneira mais tênue da verdade nua que muitas vezes temos que enfrentar; junto com a lenda vem a simbologia, que se faz presente para dar sustentação à lenda.

A lenda de Hiram é um belo exemplo do que somos capazes de fazer em nossas mentes quando não conseguimos responder as questões da incerteza: quem sou, de onde venho, para onde vou, por que estou. Fatos que muito possível sejam reais na construção do templo para Deus por Salomão, junto com o antecedente histórico vêm a grandiosidade da lenda provavelmente copiada dos mistérios egípcios, identificados através da trindade, Horus, filho de Osíris e Ísis e assim como a egípcia, temos outras civilizações que de uma maneira ou de outra, mas permanecendo a simbologia, criam outros personagens para simbolizar a ressurreição, posto que não aceitamos simplesmente a morte sem termos algo que nos agarrar para outra existência; em outra palavras, queremos ser eternos.

Para tornar nossa existência mais lógica na terra, nossa imaginação cria deuses e personagens que escapam de nosso senso como seres humanos, dando vida a uma lógica para entender aquilo que não compreendemos, como é o caso na mitologia da Fênix, a bela ave que morre em uma auto-imolação, para renascer das cinzas, renovando o ciclo vital de sua existência; desta maneira podemos entender, ou melhor, fazemos lógicos acontecimentos, como as grandes hecatombes, as guerras, os desastres naturais, a desintegração do ser humano à vista de uma sociedade quando foge da lógica, responsabilizando tais acontecimentos a deuses, antes que a ciência explique. Dos acontecimentos que estão a nossa frente e não conseguimos entender como seres humanos o que está a se passar; fazemos um universo paralelo, tratando de ser lógicos no que não compreendemos (uma árvore frondosa nascida de uma pequena semente, o nascer e pôr-do-sol), inventamos deuses para nossa compreensão com poderes sobrenaturais para poder compreender o incompressível e, assim, além de tornar-se nossos heróis, e como tal nossos exemplos de vida, nos satisfazemos em colocar uma lógica naquilo que não entendemos.

Para que isso aconteça, temos que dar sustentáculo social ao que inventamos, para tal criamos ritos – nossa imaginação é fértil –, junto ao rito inventamos liturgias para dar credibilidade pública ao que inventamos e, desta maneira, criamos a religião, ou seja, temos que ter uma justificativa social daquilo que criamos, seja lenda ou mito, justificativa essa que nos leva mais longe, quando os que nos postergarem, por ignorância, na falta do conhecimento do princípio das causas para a qual se curvam; por essas instituições serem formadas por indivíduos que possuem sua própria história; pelos líderes que surgem desses indivíduos; criam outras ramas do culto, para entender melhor conforme sua personalidade, ou simples egoísmo, ou vaidade, ou por uma adaptação de uma nova sociedade que evolui, partindo para outra liturgia, criando novos ritos.

Para mudar drasticamente a história tem que morrer essa história para renascer uma nova história, tem que haver o caos para ressurgir das cinzas, como a Fênix faz.

Quando tratamos especificamente da questão de onde veio a Maçonaria, lendas e mitos estão presentes como se fosse uma religião; por outro lado, tratamos de chegar a essas origens buscando a história, outros se emaranham nos tempos idos, procurando armar um quebra-cabeça que, podendo ser real, às vezes podemos denominá-lo de fantástico, como fazem Christopher Knight e Robert Lomas em seu livro "O Livro de Hiram", 2005, tratando de encontrar essas origens por intermédio da história. Usando as próprias palavras escritas destes autores para o entendimento do começo da Maçonaria por intermédio de antigos Rituais, assim nos relatam:

> *Ela conta uma grande e misteriosa história, que em muitos trechos parece acompanhar a Bíblia, mas que não termina na época de Jesus, continuando até os dias presentes. Ela conta como os Maçons foram escolhidos por Deus para compartilharem o conhecimento das ciências e usá-las em benefício da humanidade, e diz como lhe foram revelados os segredos para edificar uma sociedade boa, e como poderiam usá-los para criar grandes Templos e Ordens de homens devotados ao entendimento de Deus, da tolerância e da Ciência.*

Mais adiante reportam William St. Clair, que é o herdeiro de uma cultura norueguesa Viking, que em algum ponto da história se entrecruza com o reinado francês, cabendo-lhe o legado de ser o "fundador" da Maçonaria, viajando inclusive por uma emaranhada floresta templária:

> *Já suspeitávamos que sir William S. Clair havia fundado a organização que hoje chamamos de Maçonaria, usando Rituais que lhe chegaram às mãos por intermédio de sua família, proveniente dos pergaminhos encontrados sob o Templo de Jerusalém. Parece agora que a religião norueguesa foi um componente complementar acrescido aos conceitos que vieram de fontes judaicas.*

Sem dúvida que nossa história é um quebra-cabeça, sendo que a maioria das vezes é feita pelos vencedores, criando heróis, que alcançam o sobrenatural, que se tornam lenda por intermédio de cânticos; assim construímos as lendas, transformando-as em mito.

Muitas vezes o legado da história se perde, conhecendo apenas alguma referência que chegou até nós por intermédio dos sobreviventes, que passaram verbalmente para outros acontecimentos idos, e que gradativamente com o tempo vão tomando outra forma, contada para seu entendimento com o contexto social da época. Fazemos isto em nossos dias quando queremos prestigiar ou desprestigiar algum personagem ou líderes de nosso convívio: dependendo do local em que tratamos a anedota, trocamos o nome da pessoa a quem nos referimos.

Quando nossos governantes estão ameaçados por idéias, fazem jus aos que tiranos são, quando as instituições religiosas, que mantendo a hegemonia referente ao sobrenatural são ameaçadas, tratam de eliminar o mal, como fizeram com Sócrates ao obrigá-lo a ingerir a cicuta, mas mal sabiam que outros retomariam o discurso do filósofo, inclusive com outras formas, dando a personalidade própria de seus discípulos como foi Platão, com sua história de ser humano, enfatizando coisas que o mestre deixou em seu legado e ao mesmo tempo acrescentando ou modificando outras conforme seu entendimento, sua personalidade, seu estudo, enfim sua história, criando novas formas de pensamento pela evolução própria do filósofo e o legado do mestre, tal qual a teoria socrática da essência prepara a base para a teoria platônica das idéias. Tudo uma eterna evolução. A desarmonia causada pela morte de Sócrates evolui para uma harmonia que é legada por Platão e outros filósofos após este.

Exemplos de caos temos inúmeros, desde a queda de Constantinopla pelos turcos, como a Revolução americana e francesa, apenas para mencionar algumas. No contexto do caos nasce a luz.

Dessa maneira nossa humanidade cresce, evolui, criando escolas de pensamentos filosóficos, religiões, modificando-as quando não mais dá sustentáculo social para o que ela veio, criando sociedades secretas ou não, para abrigar indivíduos com pensamentos semelhantes, criamos também o rito e a liturgia, para podermos ter um sistema organizado de atuação dentro dessa sociedade, até que um dia qualquer no futuro, outros irão surgir para modificar o existente, quase sempre de maneira traumática, posto que os fanáticos já estão enfileirados em seus quadros, os vaidosos querem sobressair-se dos outros, as massas que por falta de discernimento os acompanham, e desta maneira uma nova instituição surge, tudo se repete, sendo imperativo o ciclo de nossa existência, nascer, crescer e morrer e como a Fênix faz, renascer das cinzas de sua própria história renovada e com novos conceitos, permanecendo a forma, mudando sua mentalidade.

Foi o que aconteceu com a Maçonaria, teve um princípio, mas não um princípio enxertado – que seja desta maneira – e sim, um princípio que surgiu via evolução social, dando respostas a indagações que na época eram de interesse crucial, seja em relação à existência como ser humano decorrente às perseguições, seja por política monárquica para dar sustentáculo à dinastia Stuart, seja por interesse pessoal, seja, quem sabe, decorrente da história que não conhecemos; enfim, muitos interesses levaram à criação dessa Maçonaria que agora aí está, não mais oculta, mas que continua a exigir de seus membros uma análise permanente de sua história, ora para entender para que veio, ora para ser modificada conforme a evolução social exige, na qual está, ou melhor, seus membros estão inseridos.

Creio que seria leviandade de nossa parte tratar de dizer "esta é a verdade" como vimos. Para chegar a ser o que a Maçonaria é ela se transformou, mudando conceitos (de uma política partidária como na época dos Stuart), para um segmento apolítico como querem que seja nos dias de hoje, sabendo que no transcurso desta sociedade muitas vezes se transforma em partidária, como observamos o exemplo clássico da revolução americana e como foi no Brasil, transformando uma sociedade monárquica em republicana.

Não queiramos que seja "desta maneira", ela irá mudar

conforme muda a mentalidade das pessoas que a compõem (se queremos que ela continue a existir) gradativamente mudando sua roupagem dependendo dos interesses de uma sociedade que segue seu caminho inexorável.

Outros conceitos irão formar parte dela, assim como foi na época do *iluminismo*, época romântica dos filósofos e enciclopedistas, de um romantismo sangrento que ela foi co-partícipe, ora se sentando à esquerda, ora à direita nas discussões da assembléia constituinte francesa, ou como foram em nossa história recente Gonçalves Ledo e Rui Barbosa, ambos íntegros em seus ideais, mas salpicados por violência hegemônica desses mesmos ideais.

Essa é a história da Maçonaria de pessoas em campos opostos de idéias lutando por um ideal, que segundo cada indivíduo que o sustenta acredita ser o melhor. Essa mesma história nos faz referência a respeito por parte de Maçons com o conhecimento do derrotado, muitas vezes salvando-lhe a vida por parte do vencedor, todavia o contrário seja verdadeiro, Somoza e Sandino na Nicarágua pré-guerra civil.

Quem sabe o maior segredo da Maçonaria que não consegue entender ainda o Maçom, esteja no fato de ela apenas ser um ícone, que reúne homens em seu seio, não ditando normas nem leis do como agira fora de seus Templos, por serem as mesmas normas de moral e ética que nos regem, e sim continuando a querer dentro de seu seio pessoas adequadas à prática de uma política social, embasada em normas sociais que não choquem o ideal humanístico legado por outros homens do passado, como foram alguns de seus filhos: Hume, ou outros que não sabemos se foram como Erasmo, mas independente de quem foram, esta toma emprestadas as idéias revolucionárias que modificam o pensamento emergente social permanente em que vivemos, dando guarida a pensadores que têm uma coisa em comum, continuar a servir a uma sociedade, abrigando líderes que respondam ao anseio dessa sociedade, tendo no ser humano – e nos dias de hoje – o fator ecológico como princípio para uma verdade que se torna arraigada em nossas idéias.

Em nossos dias estamos novamente em um emaranhado de cipós, dentro da floresta social que nos acompanha, parecendo que a Maçonaria perde seu rumo, onde a maioria de seus componentes não sabe que direção seguir, seguindo apenas o caminho em círculo, dos Graus propostos por diferentes Ritos, não sabendo por que aí se encontram.

Tenho certeza que a qualquer hora irá encontrar a clareira à qual está propensa a encontrar, conforme sua história nos conta. Na incerteza do agora, está o caminho do amanhã.

Continuemos em busca de suas origens, talvez este seja o legado dos filhos que querem conhecer mais de seu genitor, sem torná-las anacrônicas no "achismo", fantasiosas como a lenda, vulgares no especioso.

Continuemos em busca da história baseada em evidências comprobatórias, mas por outro lado sabendo que a lenda faz parte da história e o mito não é mais nada que os anseios de uma cultura que trata de ser aquilo que não pode ser nem realizar por causa das limitações de ser humano. Quando entendermos a diferença, começaremos a entender e fazer história.

II PARTE

ALGUMAS CONSIDERAÇÕES PESSOAIS DE NOSSA ARTE REAL

O Saber (Sabedoria), como Instrumento para o Poder

Poder sem princípio é perigoso.
Ter princípio e não ter poder é inútil.
Tony Blair

Pelo acima exposto na referência do Primeiro-Ministro Britânico, encerra uma realidade de valores que, se aplicados de maneira universal, teríamos instituições fortes e o absolutismo que se confunde com o PODER, não seria exercido de maneira egoística, tão freqüente em nossas instituições, sociais, políticas, religiosas.

Venho colocar o Poder como elo que deve ser usado para o benefício dos desfavorecidos e não como normalmente o vemos, deturpado por políticos inconseqüentes, como da maneira posta em carta aberta de Edélcio Diana Santamaría (Carta desabafo 2005):

> *Ela, a espécie humana, que se diz racional, quando chega ao poder, usa dos artifícios mais baixos, mais podres, mais vis para conseguir seus intuitos medíocres, suas pitorescas promessas de campanha, suas façanhas políticas, ficando cego às conseqüências de seus atos, não vislumbrando nem mesmo o futuro próximo e desastroso de seus atos e que poderão refletir em suas próprias gerações.*

O Poder não subsiste por si só, ele tem que ter um coadjuvante para ser exercido, que é para que se aplique àqueles para quem esteja sendo exercido.

O princípio visto aqui na terminologia axiológica, ou seja, como Valor, são os preceitos éticos que o ser humano leva como vanguarda em sua consciência, no julgamento do bem em detrimento do mal. Não colocado como uma dialética de discussão se é ou não aceitável, e sim como algo que tem que ser adotado de maneira universal.

Montesquieu nos fala sobre a harmonia, que embora as partes sejam complexas, todas devem concorrer para o bem da sociedade em que estão inseridas. Em outras palavras, encontramos na lei da física os compostos que se atraem ou se separam, mas o todo forma uma harmonia de um princípio cósmico, que poderá nos parecer caótico, mas que se complementam em uma resultante do bem.

Para ter o Poder como instrumento do Saber tem que em primeiro lugar caracterizar aqueles que irão exercer o Poder, caracterizá-los como pessoas que têm em sua história a composição harmônica, em nome da coletividade, ou seja, princípios que possam caracterizar o líder que, exercendo o Poder delegado em seu nome, o exerça para a representação de uma instituição.

Tratemos de expor o significado do SABER, em exercer o Poder, daquele que está representando para o qual foi delegado.

Mas antes tratemos de definir o que realmente se espera do Líder ao qual lhe foi delegado o exercício do Poder:

- Reunir as idéias do grupo, em uma síntese de grupo, e não idéias preconcebidas;
- Ser ponderado em seus comentários, para evitar influenciar a decisão do grupo;
- Evitar nas reuniões conversa de retóricas, desnecessárias e prolixas, para não tornar a reunião cansativa e sem brilho;
- Abster-se apenas ao que está em discussão, exercendo seu comando para interromper questões paralelas, alheias ao que está sendo proposto;
- Obedecer às leis regimentares;

- Ter a perseverança e consciência de que sua pessoa, pelo cargo que exerce, representa todo um grupo, e mais, que sua personalidade de líder, invariavelmente passe para a instituição que lidera, tornando a instituição um reflexo do seu caráter;
- Ter plena consciência de que se ele aí está, é porque reúne as qualidades que o grupo em questão lhe outorgou para comandar, depositando plena confiança para poder exercer os poderes que o cargo lhe dispensa;
- Quando perdida uma votação, dirigir-se à minoria perdedora com palavras de ânimo, fazendo com que ela saiba que a roleta dá muitas voltas e que na volta subseqüente pode estar seu prêmio;
- Executar as questões vencedoras como ditame universal e inquestionável da decisão do grupo e, que embora sendo contrário a sua maneira de pensar, a partir do momento em que a maioria decide pela proposta, esta também é sua proposta;
- O bom líder delega funções; quando isto ele faz, reconhece suas imperfeições, pois sua mente não tem o conhecimento universal, estimulando nesse modo de agir a individualidade do grupo, tornando-o co-partícipe de suas decisões; mas, se ele tem a capacidade de delegar funções, também tem que ter o bom senso de saber cobrar o delegado.

Partindo destes princípios o resultado é saber exercer o Poder, com sabedoria, com os Valores que nos impõem o bem viver.

Que valores são esses?

Erich Fromm (Análise do Homem. Zahar, 1974), em uma abordagem didática, menciona tal assunto em duas formas de ver a ética: *Ética Humanística,* em confrontação com a *Ética Autoritária.*

> *Na ética autoritária, uma autoridade enuncia o que é bom para o homem, promulga as leis e normas de conduta; na ética humanista, o próprio homem é que fixa normas e a elas se sujeita, sendo ao mesmo tempo sua fonte formal ou órgão regulador de seu tema.*

Observamos que na ética humanista o Poder é exercido em

função da coletividade, onde o mandatário do poder que representa o grupo terá que executar o que foi decidido conforme as normas estabelecidas pelo grupo. Ao contrário da ética autoritária em que o Poder representa a prepotência do eleito para exercê-lo.

Quando se fala em humanismo, é a autoridade sem respeito às pessoas pelas quais governa, recordamos a frase do sofista grego Protágoras: *"O homem é a medida de todas as coisas"*. Para que se torne racional em uma explicação filosófica abrangente, podemos dizer: o homem é o centro da vida, tudo gira em torno dele; ninguém detém o monopólio da verdade; entre o passado e o presente a busca de valores virtuosos será sempre o objetivo para engrandecer o homem; sempre a razão deverá prevalecer sobre as questões que geram pura emoção, podendo esta (a emoção), desencadear conflitos, posto que a dialética, não se fazendo presente, cria apenas um caminho, onde o Ser emocional quer que todos pensem igual a ele, por achar que é o único que está com a razão.

Da vaidade e do egoísmo, nasce a prepotência; eles caminham em uma direção. O déspota, apenas é o complemento. Todos têm que pensar como ele pensa; todos têm que agir conforme ele determina; todos deverão estar cobertos sobre seu manto, posto que é o único que se encontra de posse da verdade. Assim nasce o Poder maléfico.

A questão é: até que ponto devemos declinar de nossa liberdade para o benefício de um todo social?

Jean-Jacques-Rousseu (Os Pensadores. Nova Cultura, 1997) trata de nos dar uma resposta por intermédio do *Pacto social*, que ao mesmo tempo é utópico e contraditório. Utópico na colocação:

> *Encontrar uma forma de associação que defenda e proteja a pessoa e os bens de cada associado com toda força comum, e pela qual cada um, unindo-se a todos, só obedece contudo a si mesmo, permanecendo assim tão livre quanto antes.*

Contraditória, porque leva a anulação do indivíduo, condição preponderante na perda de sua liberdade:

> *Essas cláusulas quando bem compreendidas, reduzem-se todas a uma só: a alienação total de cada associado com todos seus direitos, à comunidade toda, porque, em primeiro lugar, cada um dando-se completamente, a condição é igual para todos, e, sendo a condição igual para todos, ninguém se interessa em torná-la onerosa para os demais.*

O comportamento daquele que o Poder representa, deve seguir máximas éticas, onde ações por este tomadas deverão sempre estar conforme os ditames morais que a sociedade impõe. Cada ação tem suas conseqüências, saber avaliar a ação é estar atuando com responsabilidade, pelo fato do mesmo responder pela ação; assim estamos entendendo o que Max Weber chama de *Ética da Responsabilidade,* acrescida da segunda máxima weberiana: a *Convicção.* Tendo convicção, nosso ato tem que ser responsável, ambos são condutas para um meio poder atingir o fim a que se predispõe.

Todavia, tendo abordado a *Ética da Responsabilidade*, como princípio seguindo os ditames morais que a sociedade impõe, este mesmo Max Weber interpreta poder como uma submissão:

> *Poder significa a probabilidade de impor a própria vontade dentro de uma relação social, ainda contra toda resistência e qualquer que seja o fundamento desta probabilidade.*

Ao final, Poder é um ato de domínio exercendo a vontade de quem o possui? Poder é a aceitação de uma servidão perante aquele que detém o Poder?

Dentro de nossa instituição maçônica passam por nós sempre estas máximas, talvez com outras palavras. Em nosso dia-a-dia como líderes estamos aplicando estas máximas weberianas (*responsabilidade, convicção)*, atuando com responsabilidade civil perante aqueles que representamos.

Mas estas máximas apenas são aplicáveis àqueles que se expõem, àqueles que como líderes exercem funções de benefício social principalmente no que diz respeito à questão política (leia-se não política partidária, mas política em seu contexto mais abrangente, ou seja, o fenômeno do estudo do Poder, **arte** de governar as *polis*); quando temos a capacidade de dominar em idéias uma determinada matéria, estamos praticando a **arte**.

Perante esta conjectura teórica de Poder, podemos concluir que tudo está voltado para a questão política, como arte para exercer o Poder. Infelizmente em nossos dias continuam válidos os dizeres de Engels: "*O poder nasce no seio da sociedade, mas está por cima dela, se tornado um estranho com o tempo*".

Como remediar? Thomas Hobbes (Leviatã. Col. Obras-Primas de cada Autor. 2005) há quatro séculos tenta dar uma fórmula para tal questionamento:

> *Porque os que têm tratado desse assunto costumam confundir* jus e lex, *o direito e a lei, é necessário distingui-lo um do outro. O direito consiste na liberdade de fazer ou de omitir ao passo que a lei determina ou obriga a uma dessas duas coisas. De sorte que a lei e o direito se distinguem tanto como a obrigação e a liberdade, as quais são incompatíveis quando se referem à mesma matéria.*

Para se fazer cumprir a Lei o Estado está presente, para ter o Direito de fazer, ir e vir, o Sujeito é responsável. Os Sujeitos delegam o Poder de cuidar dos assuntos do Estado, a obrigação de fazer cumprir a Lei, desde que o Sujeito não ultrapasse as fronteiras da decência, atropelando a Lei. A questão é que o próprio estado peca muitas vezes ao não cumprimento da lei ou usa medidas extorsivas, resguardadas pela lei para poder governar (medida provisória, por exemplo). No justo meio (aristotélico) é que se encontra a salvaguarda do Sujeito, quando apenas cumpre a lei sem conhecer por justiça seus direitos.

Reconhecendo o direito começa a funcionar a assim chamada cidadania (indivíduo que pertence a um Estado, com direitos e deveres). A questão é que o direito à cidadania não é reconhecido pelo próprio indivíduo, passando assim a pertencer a um Estado que obriga a cumprir a Lei, sem resgatar seus direitos como pessoa. Aqui entra o que a seguir tento finalizar, onde nós Maçons temos que atuar, no resgate dos direitos das pessoas, que o Estado não cumpre, não se importando mais para o qual foram eleitos os Poderosos que o dominam.

Têm alguns que querem simplificar as coisas: os indivíduos nascem para comandar e outros para serem comandados, estes últimos tendo por troca a paz de servir (escravizar-se) em troca de não contestar o Poder onde estão inseridos. Acredito ser repugnante o pensamento de perder a liberdade em troca de benefícios para apenas dizer *Sim Senhor*.

Neste ponto Etennie La Boétie em seu legado *O Discurso da Servidão Voluntária*, coloca de maneira explícita a questão da servidão como algo cultural, covarde ou passivo, mas trata de inculcar nestes seres humanos que o princípio de todo Ser está na liberdade, onde toda servidão leva à perda dessa liberdade, portanto leva à perda do bem mais caro da pessoa.

O indivíduo nasce com raciocínio evoluindo através de suas experiências o julgamento de uma necessidade própria ou coletiva no discernir do certo e errado, do que é bom e por outro lado do que rejeita como mau. O homem nasce livre e livre permanece, mesmo que situações despóticas o obriguem muitas vezes a não responder, todavia quando o faz, o faz de maneira coletiva revelando-se contra aquilo e aqueles que o subjugam, tantos e tantos exemplos temos na história.

Quando indivíduos conscientes de seus atos, deveres e direitos, muito dificilmente ocorre uma rebeldia em massa, respeitam o Estado, o Poder em que estão inseridos, porque conhecendo seus direitos não necessita que os abusos do Estado (Poder) sejam constantes. O próprio Estado nas democracias tem mecanismos suficientes na invocação da Lei em busca de seus direitos, não deixando a pressão social subir para depois explodir. Estes indivíduos, conscientes de seus atos, são os que chamamos de cidadãos. Em contrapartida, como se observa quando os direitos dos indivíduos que não reconhecem seu *estado de cidadão* são pisoteados permanentemente, a temperatura social sobe de tal maneira, explodindo logo depois com violência.

Mas não esqueçamos o que a história nos ensina, que quando a repressão social-econômica se encontra presente, cedo ou tarde haverá um grito de liberdade.

Quando aqueles responsáveis (não com o Poder institucional, e sim com o Poder do conhecimento) não fazem de si um modelo para seu semelhante, estão também sendo déspotas e coadjuvantes do Poder subjugante.

Nos consideramos justos à procura de algo que galgamos em nosso dia-a-dia, a perfeição. Se Justos somos, estamos sendo injustos quando não colocamos na prática o Poder que podemos exercer para amenizar politicamente as injustiças sociais, descaracterizando dessa maneira essa procura de uma perfeição, qual seja doar uma parte de nosso intelecto para aqueles que ainda não têm o resgate da cidadania.

Sentamo-nos a criticar, mas nada fazemos. Uma obra de arte só é bela quando a expomos a nossos olhos para o julgamento de nosso instinto emocional, uma obra de arte que permanece na escuridão jamais poderá ser bela se esta não vem até nós.

Entendemos muito sobre festas, ágapes após nossas reuniões, criticar a um Irmão que expondo uma peça de arquitetura, não vendo a hora que esta termine, sair embebido de sabedoria de nossos Templos, para experimentar logo a desidratação da não aplicabilidade de nossa conduta.

Entendemos de enfrentar a corrupção, a maldade, a ignorância, a prepotência, apenas na teoria. Ficamos agachados embaixo da mesa observando o que acontece, vendo a vida passar e esperando que outros façam, que os outros se incomodem, não temos tempo para isso.

Quando iremos aplicar a sabedoria que na passagem bíblica em Mateo nos diz:

Vós sois a luz do mundo Não pode esconder-se uma cidade

> *situada sobre um monte; nem se acende uma lucerna, e se põe embaixo do alqueire, mas sobre o candeeiro a fim de que luz a todos os que estão em casa assim brilhe a vossa luz diante dos homens, para que vejam as vossas boas obras...* Mat. 5:14-16

Se perfeitos nos consideramos, podemos dizer sem medo que realmente nós somos *a luz do mundo.* Por sermos Perfeitos. Por sermos Justos.

Não podemos nos esconder (*...não pode esconder uma cidade situada acima de um monte)*, nossos Templos estão expostos em nossas cidades; nossos regimentos se encontram em cartório público; não podemos esconder a luz, temos que colocá-la por cima para que ela brilhe para os outros, evitando sermos egoístas, brilhando apenas para nós; se assim o fizermos certamente verão nossa boa obra, mas não por vaidade, mas para que seja de exemplo para outros que, como nós, estão adormecidos perante as injustiças sociais.

Se fizermos uma resenha histórica do Poder como Estado politicamente inserido em nosso meio social e pessoal, estaremos fazendo um apanhado, em que os interesses de classe estão sempre em jogo, desde Aristóteles, quando formulava questões para as *polis*, para poderem ter a felicidade de um povo exclusivo formado por cidadãos, excluindo destes a mulher, o escravo e o estrangeiro, até em nossa sociedade do século XX, com Nikolai Ivanivitch Buakhrin (*ABC do Comunismo*. 1920), quando trata de formar uma sociedade idílica via enunciados bolchevistas, onde todos os homens trabalharão de maneira espontânea, cada um sabendo de sua responsabilidade, *"Os indivíduos não terão que dirigir outros..."*, havendo, portanto, o fim dos dominadores, o Poder como *mando* seria coisa do passado. Spencer e Marx nos falam da mesma coisa apenas de maneira diferente, mas em comum está o fim das lutas das classes trabalhadoras.

Sabemos agora que tudo gira entre a opressão e o oprimido, as lutas de classes continuam, apenas mudando de nome, não reconhecemos qual é nosso governo ideal, vimos o comunismo morrer, assim como as velhas ditaduras monárquicas; tratamos de falar em democracia sustentada pelo poder do capitalismo selvagem, onde cada vez mais o abismo dentro das classes sociais, não mais do ponto de vista ideológico e político mas sim econômico, ficam mais distantes, com o aumento da pobreza, num mundo que alguns querem globalizar, para seu próprio benefício.

Que democracia é essa donde poucos ou, se quiserem, um país mantém a hegemonia sobre o resto do planeta, dizendo-se que é o guardião dessa democracia, o que a esse país lhe interessa, a ele pertence, não abrindo mão de seu poder econômico, sem interessar-lhe, o que outros países decidem para o bem-estar da humanidade (Kyoto). Não interessa de onde vier desde que a riqueza continue a encher seus bolsos mesmo ultrajando seu "quintal", leia-se América Latina (Alca). Quando da contestação política as armas se fazem presentes (Iraque). Troca do dinheiro pela pobreza dos povos (FMI).

Esta é a real democracia que temos que viver? Será que esta é a democracia ideal?

Esquecemos seu significado do grego: *demos* povo e *kratos,* autoridade, ou seja, demos autoridade para o povo gerar seu destino político, mas o que observamos é: me dêem o Poder, para gerenciar meu bolso e o de meus amigos, usando permanentemente o slogan popular: para os amigos do rei tudo, para os inimigos do rei, os rigores da lei.

Gerard Lebrun em seu livro "O que é Poder", 1999, assim conclui:

> *Suponhamos, porém, este minuto de verdade. Suponhamos que os poderes larguem essa sua linguagem meliflua, e se apresentem de peito aberto, como vontade de potência não disfarçada:* por que se envergonhar? *Os homens talvez se tornassem espíritos livres. Pararia de vituperar o "Poder" e se perguntariam quem é capaz, num dado momento, de exercê-lo com menos detrimento de todos aqueles que, por princípio, são excluídos dele. Não depositariam mais as suas esperanças, totalmente, no dia em que o poder não passe de uma triste lembrança – mas agiria para que os dominadores do futuro*

estivessem mais perto do Soberano hobbesiano do que o tirano. O poder não seria mais um escândalo ideológico, porém, única e francamente, uma questão de política.

Mas como esta rude franqueza poderá ser possível num mundo que foi, e continua a ser educado pelo racionalismo grego e pelo cristianismo?

Quando falamos em poder sentimos dentro de nós algo como inalcançável para o ser humano comum, a questão pejorativa da palavra Poder representa vícios, corrupção, domínio maléfico. Foi, e está sendo assim através da história, desde os idos da Babilônia, passando pela águia Romana, até nossos dias com a águia Americana.

Talvez assim continuará, mas existe uma palavra denominada evolução: muitos países alcançaram e outros estão a caminho de conviver com a assim chamada cidadania, tratando de mudar esse aspecto totalitário do Poder.

Quando falamos em evolução, falamos diretamente em história. Não esqueçamos que na época do rei Sol – Luís XIV – onde o absolutismo era constitucional, *"O Estado sou eu"*, a Inglaterra vivia o hibridismo do parlamento com a monarquia; mas na Holanda a liberdade reinava ao vento, país que abrigava os desterrados de idéias, Calvino, Descartes, entre outros, prosperando em todos os sentidos qual seja: liberdade religiosa, econômica, social, educação, e nunca esquecendo do necessitado, dando a este oportunidade de ser cidadão.

Quando o ser humano tem consciência de que ele é parte da engrenagem política, este começa a reclamar seus direitos usando das próprias leis que o Estado fornece, aquele mesmo que exerce o poder.

Quando a miséria se faz presente, em que o ser humano não tem tempo para pensar em direitos, apenas como fazer para não ouvir o ronco de seu estômago e de sua família, causado pela fome, é hora daquele que se julga um perfeito cidadão, dar de si àquele que nada sabe sobre leis. Mas não adianta ensinar leis, cidadania, ao miserável, a prioridade deste está na subsistência básica, subsistência esta que todas as agremiações político-partidárias dizem constantemente em seus discursos hipócritas: saúde, segurança, educação, trabalho; mas sabemos que apenas ficam no discurso, pensando no recesso parlamentar para que uma vez chamados ao trabalho por seus próprios conluios quando estando em férias, ganhem salários de maneira vil, posto que estão fazendo o mesmo trabalho que deixaram de fazer, mas ali não falam mais da miséria do povo, a quase totalidade deles se cala.

Quantos Maçons estão dentro desta tramóia? Muitos.

Quantos Maçons usam o silêncio para ser coadjuvantes deste teatro? Milhares.

Quantos Maçons têm a dignidade de usar os ensinamentos de nossa confraria para amenizar o sofrimento do miserável? A resposta é sua, meu Irmão.

Quando vamos parar com a hipocrisia de nos autodenominar Justos e Perfeitos?

Quando iremos usar o Saber (sabedoria) como instrumento para o Poder?

Ser é Estar
Estar, Não Necessariamente é Ser

Todos os homens aspiram pela verdade.
Aristóteles

Muito se tem dito referente a SER Maçom, muito se tem questionado ao estado de ESTAR, ou pertencer a uma instituição maçônica.

Quem Maçom é, pertence à Maçonaria.

Que pertença a uma instituição maçônica, não necessariamente signifique que é Maçom.

Para ser Maçom o interior de sua mente deve estar voltado no dia-a-dia de sua vida profana, resgatando os ensinamentos de uma ritualística voltada, principalmente e em primeiro lugar, para com ele mesmo.

Para estar dentro da Maçonaria é imprescindível que tenha passado no rito de uma Iniciação, mas só irá ser Maçom aquele que conseguir guardar em seu interior o significado dessa Iniciação.

O resgate do SER está no sentir, entender e aplicar o ESTAR. Se pertencer significa para muitos SER, para outros apenas continuam a ESTAR dentro de uma instituição que abriga o que nos autodenominamos livres e de bons costumes.

As perguntas que se fazem para identificar o SER, também servem para identificar quem ESTÁ.

P. – De onde vindes?

R. – De uma Loja de São João justa e perfeita.

A resposta de quem ESTÁ, não conhecendo a origem da resposta ritualística de exploração na profundidade simbólica gerida pelo mito[24], apenas diz a frase mecanicamente para se safar de um questionamento.

Para quem *É* Maçom, em suas palavras está a resposta no pensamento que conhece a profundidade da pergunta, pois representa algo que vem de muito longe no tempo, que a Maçonaria resgata na transcendência do seu significado, qual seja: pertenço a uma Loja que na Idade Média nossos antepassados, Maçons operativos, tinham São João como patrono, porque é nesta data que a festa pagã (1) dos solstícios, cai especificamente no dia dedicado a São João, que antes do cristianismo representava o deus romano (2) Jano, o deus da dupla face, que vê o passado e o futuro, ou seja, antes de minha iniciação e, agora caminhando para um futuro onde minha morte alegórica a reconheço como verdade, posto que minha mente se abre para a transcendência do espírito. Reconheço também a porta estreita que passei (3), "janua", me dando condições de entrar (4) por Graça de Deus "Jeho hannam", e que entendendo a simbologia do ritual iniciático, agora sou um Iluminado (5) (Ritual dos Maçons, Antigos Livres e Aceitos, 1979).

P.– Que se faz em vossa Loja?

R. Levantam-se Templos à virtude e cavam-se masmorras ao vício.

Quando falamos em virtude, estamos falando em moral e de maneira conjugada em ética, "os valores éticos dirigem-se ao homem em geral, a todos os homens; são *universais*; a sua pretensão a serem

---

[23] Segundo os estóicos, os mitos revelavam visões filosóficas, sobre a natureza profunda das coisas, ou encerravam preceitos morais (ELIADE, Mircea. O Sagrado e o Profano. Martins Fontes, 2001. Pág. 4).

realizados é universal" (HESSEN, Johannes. Filosofia dos Valores. Armênio Amado, Editor, Sucessor, 1980).

Analisando em profundidade a palavra Virtude, temos em Sócrates uma análise de adequação da vida pessoal às idéias supremas; em outras palavras: o desprendimento do Ser para uma contemplação sublime de um ideal a ser alcançado.

Platão cataloga Virtude em:

- *Justiça (dike)*, apenas o sábio tem Virtude.
- *Prudência ou Sabedoria (Fronesi ou Sofia)*, é a virtude da racionalidade colocando ordem em nossos pensamentos.
- *Fortaleza (andréia)*, as paixões mais nobres têm que prevalecer.
- *Temperança (sofrosine)*, virtude do autodomínio, harmonia individual (VALLS, Álvaro L. M.. O que é Ética. Brasiliense).

Do ponto de vista axiológico, Johannes Hessen, descreve de uma maneira genérica: "O sentido da vida humana reside, precisamente, na realização dos valores" – virtude (HESSEN, Johannes. Filosofia dos Valores. Armênio Amado, Editor, Sucessor, 1980).

Levantado Templos à virtude, estamos construindo Templos não de pedra, mas fortalecendo o templo de nossa consciência.

Em nossos Templos se pratica uma ritualística que vem do passado.

Em nossas Lojas se reúnem homens de bem à procura da verdade *(verum)*. Quando congregados em Lojas, onde nós Maçons somos a Forma para realizar um Ato, todo ato gera Movimento e cada movimento é decorrente de uma Função.

Assim como nossos órgãos corpóreos têm uma forma para desempenhar uma função e esta gera movimento para a vida, assim nós, na Forma de corpos, mentes e espíritos, estamos congregados para executar um ato, uma função que gera movimento em nossa sociedade profana para levar até ela vida social, traduzida por cidadania, respeito, em resumo, combater as injustiças. Isso é que se espera de nós.

Um Órgão que não exerce sua função é um órgão morto, posto que adoeceu e tem que ser descartado.

A Maçonaria não quer homens perfeitos, pois se assim fosse, não haveria necessidade desta, quer sim, homens à procura da verdade, ou seja, constantemente reciclando conceitos éticos, fundamentados em uma boa base moral, resgatando a ética contratual (submeter-me às normas das quais quero que outros se submetam); submetendo-me às normas de uma moral estabelecida pela sociedade onde atuo, quero também que outros cumpram tais normas em relação a mim.

Talvez não como Kant queria que fosse na exigência absoluta, em seu primeiro imperativo categórico: "*Age apenas segundo aquela máxima pela qual tu ao mesmo tempo possas querer que ela se torne uma lei universal*", mas quem sabe, talvez, no assim chamado segundo imperativo categórico que é menos utópico que o primeiro: "*Age de tal modo que uses a humanidade, tanto na tua pessoa como na pessoa de qualquer outro, sempre como fim, nunca apenas como meio*".

Ou talvez do ponto de vista religioso: "*Ama a teu próximo como a ti mesmo*".

Ou se quiserem, político: "*O direito ao respeito alheio é a paz*" (Benito Juarez, 1806-1872, político mexicano).

Frases de efeito, sem dúvida, mas que representam todo aquele significado de virtude. Se pensarmos atentamente o significado e guardarmos em nossas mentes estaremos, sem medo de errar, construindo esse templo de virtude e estaremos SENDO Maçons; por outro lado, o repetir como matraca estabelecida de uma frase sem saber o que dizemos, apenas ESTAMOS dentro de uma Loja Maçônica.

Assim, estamos construindo Templo para a virtude. E cavando masmorras para o vício?

A Maçonaria não quer apenas que sejamos virtuosos, posto que não estamos fechados em espaço físico onde apenas só nós existimos, quer pessoas "ascese", ou seja, pessoas na prática da virtude, que levam como contrapartida a dinâmica de lutar contra injustiças sociais, que resumem a luta contra o despotismo, analfabetismo, corrupção na política.

Cavar masmorras ao vício significa não ficarmos calados e sim agirmos perante a injustiça social que leva à escravidão, levantando o estandarte da liberdade.

Levantar Templos à virtude é usar nossa simbologia e APLICÁ-LA fora de nossos Templos, em nossa vida profana, e certamente assim estaremos sendo Maçons; pois quando ouvirmos a pergunta QUE VINDES AQUI FAZER? tenhamos uma resposta de SER Maçom e não uma resposta de papagaio quando ESTAMOS dentro de uma instituição.

Respondendo esta pergunta com orgulho e humildade: *"Vencer minhas paixões, submeter minha vontade e fazer novos progressos na Maçonaria"*.

Em outras palavras.

Venho fortalecer os valores éticos, por serem valores absolutos, universais; satisfazer minha consciência que esses valores produzem; sobrepondo minhas emoções ao intelecto, na resultante do entendimento com o sentimento; reconhecendo também que o *bem* não pode ser intelectualizado, estando dentro de nós como sublime valor.

Venho a me despojar do absolutismo, da prepotência, do egoísmo, pois quero submeter minha vontade para o bem da humanidade; dar um sentido a minha existência, "através do fim supremo do homem: *fazer-me homem*" (HESSEN, Johannes. Filosofia dos Valores. Armênio Amado, Editor, Sucessor, 1980), ou seja, realizar minha própria essência. Não quero pecar contra a luz, quero continuar sendo fiel a meus ideais e o que a Maçonaria me ensina, pois faço parte dela.

Venho evoluir. Venho encontrar laços de união entre Irmãos, apreender com eles, dar de mim, estar com minha mente aberta para receber as críticas para minha evolução moral, introduzir novos conceitos, reconhecendo que a estagnação cultural significa também retrocesso na moral.

Quem Maçom É, pode dizer com orgulho: *"Pertenço a uma ARLS"*. Quem ESTÁ, deve dizer: *"Pertenço a uma instituição maçônica"*, porque ainda não sabe o significado da palavra AUGUSTA: ***respeitado, venerado, elevado, sublime, magnífico, majestoso***.

Por que agir? Porque, se apenas levantarmos conceitos morais dentro de nós e não aplicarmos tais conceitos em nossa sociedade estaremos sendo egoístas. Ernst Tugendhat (Lições sobre Ética. Vozes. 1996. Pág. 98) nos diz: falta do sentimento moral (*lack of moral sense)*, ou, faça como quiser *(take it or leave it)*. Mais adiante explica, o primeiro como aquele que erra e quando conhecendo o erro se penitencia com ele mesmo; já o segundo seria o imoral, o egoísta radical que apenas o mundo atua para ele, usufruindo dele como bem quiser, sem se preocupar com o outro. Quantos Maçons assim são? O primeiro é SER, posto que ao se penitenciar trata de se corrigir, já o segundo é o ESTAR, posto que ele é o absoluto.

Proponho para nós agora adotar o que há 2.500 anos Aristóteles classificou e que perdura até nossos dias (Ética a Nicômaco. L II, 1. Martin Clarent, 2003):

> *... há duas espécies de virtudes, a intelectual e a moral. A primeira deve, em grande parte, sua geração e crescimento ao ensino, e por isso requer experiência e tempo; ao passo que virtude moral é adquirida em resultado do hábito, onde seu nome se derivou...*[25]

Segundo este filósofo, para que sejamos virtuosos, temos que praticar constantemente a moral *"pelos atos que praticamos em nossa relação* (seja maçônica ou profana [meu comentário]) *com as outras pessoas, tornamo-nos justos ou injustos...* (idem)". Mais adiante ensina-nos: *"O homem que tem medo de tudo e de tudo foge, não enfrentando nada, torna-se um covarde;...* (idem)". Covarde somos quando a sociedade espera de nós, Maçons, uma resposta de nossas virtudes, e vemos o tempo passar enclausurados em virtudes que possuímos mas não aplicamos em nossa sociedade escrava da ignorância, o preconceito, a perfídia.

Revivendo a história vivemos permanentemente o ideal de um

25 *Ethos-ética.*

mundo melhor. Muitas vezes podemos achar utópicas tais idéias, como Hegel quando diz:

> *Ético é um estado social em que todos os membros têm seus direitos reconhecidos e suas necessidades satisfeitas, sem ferir os interesses de outros* (JURGEN, Habermas. Discurso Filosófico da Modernidade. Martins Fontes, 2000. Págs. 42-43).

Embora seja o ideal, reconhecemos que é pouco alcançável em nossos dias. Mas procuremos alcançar tal atitude hegeliana, sem nos perguntar se chegaremos a lográ-la, mas talvez apenas nos proponhamos a seguir o caminho, não interessando quanto tempo levaremos para alcançá-lo.

Quem sabe aprendamos com Kant, quando nos diz que a verdadeira virtude é a *boa vontade.*

Se optarmos por esta fórmula kantiana estaremos confirmando o significado da Maçonaria dentro de cada um de nós.

Termino esta peça de arquitetura, não sem antes definir de maneira simples o que é Maçonaria e as qualidades de seus dirigentes para entender melhor o SER Maçom. Para tal tomo a liberdade para que nosso Irmão Hércule Spoladore nos diga com sabedoria o que escreve em seu livro "O Homem Maçom e a Ordem" (Londrina: "A TROLHA", 2006), onde afirma:

> *Ela é, antes de mais nada, uma escola de vida, com um profundo teor filosófico mais voltada para o Maçom em si e dentro dela nada se consegue, impondo, perseguindo, ou alterando os caminhos já traçados, porque o relacionamento humano na Ordem é diferente, ele é especial, extrapola os raciocínios aplicados dos paradigmas aplicados às outras organizações. O poder de um Grão-Mestre deriva mais de seu carisma, personalidade, bondade, empatia, compreensão, enfim de uma série de qualidades que caracterizam um homem sábio e um verdadeiro líder tendo ainda a perspicácia de saber que estará liderando outros líderes.*

Tenho certeza que se levarmos em consideração o aqui exposto estaremos respondendo a primeira pergunta.

SOIS M∴?

C∴ T∴ M∴ I∴ M∴ R∴

NOTA

Esta peça de Arquitetura dedico com um carinho especial para um homem que considero um verdadeiro Iniciado na Arte Real, para você meu Irmão Marco ***Apolonio*** Newman.

Uma Nova Ética Surge das Convulsões Sociais

O ilógico é necessário.
Entre as coisas que podem levar um pensador ao desespero figura o reconhecimento de que o ilógico é necessário para os homens e que do ilógico resulta muita coisa boa.
Nietzsche *(Humano, Demasiado Humano)*

De como a Maçonaria contribui para a situação política atual na convivência aceita de maneira universal no regime Democrático? É uma questão a ser respondida, não do ponto de vista da Maçonaria, e sim do ponto de vista da história universal.

Nossa história caminha através dos séculos, ora de maneira gradual influenciada principalmente pelas escolas filosóficas, que ao longo do tempo foram as responsáveis pelas mudanças observadas principalmente no campo político e quando falamos em político devemos abordar a questão social, por uma estar estritamente ligada à outra, por não existir separação. Diz-se o mesmo quando das mudanças religiosas, quando a sociedade exige tais mudanças a história nos dá muitos exemplos. Por outro lado, existem mudanças agudas que normalmente geram violências, ou seja, neste ponto estamos falando em revolução, estas estão ligadas a fome, abuso do poder exercido, lutas de classes, entre outros.

O caminho pode ser gradual, ou simplesmente se pode ir por atalhos.

Antes vejamos o significado político destas lutas que obrigam a mudanças, para tratar de entender esses caminhos que acima me referia.

Podemos começar a assertiva evolutiva dos acontecimentos políticos que geram instabilidade, caos, para posteriormente organizar o caos. Quero me reportar a Immanuel Kant (1724-1804), que considera o aspecto revolucionário (que gera transformação), embora doloroso, a base principal de uma evolução social, buscando uma ética maior.

Todavia, o conceito da palavra revolução provém do vocábulo latino *revolutio*. Originalmente significa em astronomia e geometria: de volta, retornar; hoje em dia tal palavra designa mudança radical de algum estado constituído, para dar margem ao novo. Essa ruptura social formula nova ética em detrimento das antigas formas de pensar e agir, dentro de uma sociedade agora arcaica, pós-revolucionária.

No processo revolucionário encontramos a dicotomia entre o que é, o que existe, em detrimento do pensamento dos revolucionários, do que "pode vir a ser". Como resultado do triunfo revolucionário uma nova forma de pensar se organiza, dando corpo a uma nova proposta que, a partir do triunfo, deverá reger os destinos de uma nova sociedade que surge do caos pós-revolucionário. Parte-se de um sonho, uma utopia, esperando o triunfo para torná-lo real. Cabe neste momento lembrar os dizeres do sionista Theodoro Herzel: *"Para realizar primeiro tem que sonhar"*.

A **anatomia** de uma revolução segue regras quase preestabelecidas, quais sejam: ocorrem em países com certa estabilidade econômica; o levante revolucionário provém da classe "pensante", dos intelectuais, quase sempre de classe média; a classe dominante está corrompida pelo nepotismo, corrupção, abuso econômico e de poder político; perante tal situação insustentável pelo governo; esta – a classe dominante – faz uso da força para aplacar o grito revolucionário, gerando com isto maior revolta, e como conseqüência maior adesão das massas populares.

Outros aspectos históricos de mudanças ocorrem também com outra forma de renovação não sangrenta, como a questão revolucionária, mas por intermédio, por exemplo, da **reforma**. O reformador respeita a ordem estabelecida, exigindo mudanças apenas em uma faceta dessa ordem que fugiu do tradicional, para assim tentar uma retomada de posição, ao que antes era, ou seja, voltar às origens, não oferece alternativa de liderança, todavia possa contestar a liderança estabelecida, culpando-a pelos erros. Um exemplo, quando Lutero se revolta contra a Igreja tradicional.

A resposta da Igreja veio com a contra-reforma, foi uma maneira de minimizar as fugas das massas para uma outra ortodoxia proposta por Lutero. Nessa contra-reforma, a igreja ataca o reformista Lutero com o ensino secular, reforma dos seminários, agora lhes dando uma nova visão, formando sacerdotes intelectualizados, contrária à ignorância cultural em que a maioria dos padres se encontrava.

A reforma que Lutero propôs e conseguiu realizar, trouxe também questões traumáticas, mas este traumatismo decorrente da violência se dá quando a questão religiosa se desvia para o campo político, na busca de hegemonias do poder.

Outra forma de mudança social se dá com os **golpes militares**; nestas circunstâncias, o que se procura é a substituição do governante por outro(s).

O aspecto revolução causado na sociedade traz como conseqüência a busca de uma ética maior e com isto uma maior felicidade. Outras formas de revolução existem, a revolução científica, a causada por Copérnico, por exemplo, quando derruba a teoria de Ptolomeu, quando aquele propõe o sol como centro do mundo e não a terra como proposta por este.

As mudanças no pensamento político se dão, principalmente, com as revoluções onde um governo constituído é questionado por pessoas insatisfeitas e propõem mudanças; estas propostas não aceitas pela classe governante geram como conseqüência a violência.

Em nossa sociedade moderna quatro revoluções mudaram a

forma de pensar política, fazendo também como conseqüência a tomada de uma nova forma de ética.

Irei sintetizar essas quatro revoluções, pois estas tiveram a anatomia de uma revolução, tiveram aspectos diferentes em suas origens, mas estão interligadas e no conjunto moldaram o pensamento político que nos rege.

A Revolução Inglesa

Surge da revolução inglesa liderada por Oliver Cromwell (1599-1658), o **parlamentarismo**, sistema de governo em que a maioria eleita em um parlamento escolhe um líder para formar um gabinete, que será o que atuará dentro do Estado como governo na política econômica, social, internacional. O presidente do gabinete é chamado de Primeiro-Ministro, que escolhe os outros ministros para ajudá-lo em sua tarefa de governabilidade. Pode ser derrubado com perda da maioria parlamentar que lhe dá sustentáculo, ou por voto de moção contrário ou desconfiança.

A história registra que tal revolução se deu por muitas causas, que juntas fizeram a revolta popular. Entre essas podemos citar: o absolutismo dos reis Jaime I e Carlos I, que junto com a nobreza mantinham o domínio do Estado. A questão religiosa do clero anglicano que apoiava o absolutismo real e intolerância religiosa.

Todavia, Cromwell, sendo um protestante puritano, após a vitória protege o anglicanismo, esta, religião oficial do Estado, mas faz uma perseguição sem quartel contra os católicos. Alguns historiadores colocam a **tolerância** como aspecto fundamental do resultado dessa sangrenta revolução, a maneira como Cromwell lidou com a questão religiosa, considerando inclusive um exemplo de aceitação religiosa entre o puritanismo protestante calvinista e o anglicanismo, fundado no início do século XVIII por Henrique VIII, opondo-se ao papa por capricho deste, ao divorciar-se de Catarina de Aragão.

O parlamentarismo é uma democracia onde o sistema para governar tem que ter maioria.

O sistema religioso inglês nessa tolerância dá guarida àqueles que migram para um continente distante da Europa – a América – fundamentando as bases do que viria a ser uma nova revolução, a revolução americana.

Um aspecto importante na questão religiosa está no fato que, nesse protestantismo, é diferente ao que a religião católica propõe: o lucro gerado de transações comerciais para os calvinistas não é visto como pecaminoso, diferente à maneira do pensamento católico, quanto mais pobre o indivíduo, mais perto está de Deus.

Nesse período já existia uma emigração da Inglaterra para as novas terras do novo mundo, a história coloca uma data inicial: 1607, um pouco mais de um século; em 1732, existiam 13 colônias desses emigrantes ingleses, agora com suas proles nascidas em território americano do que viria ser os Estados Unidos de América.

A Revolução Americana

Se na Inglaterra se consolida de maneira definitiva o parlamentarismo, nas colônias americanas surge o que vem a ser o **presidencialismo**. No presidencialismo o presidente não precisa de maioria no congresso, se este não tem a maioria as negociações são inevitáveis.

O conflito entre a Inglaterra e suas colônias tem início no ano de 1775 e finda em 1782, com a proclamação da Independência. Novamente aqui se faz presente a anatomia de uma revolução: opressão popular, opulência e desmando por parte dos governantes, alta carga de impostos, conservadorismo e ignorância dos reclamos do povo, enfim, uma vez consolidada a anatomia, bastou uma liderança para comandar os descontentes.

A Inglaterra, com difícil situação financeira após a guerra que manteve com a França, começa a exigir mais recursos de suas colônias, inclusive obrigando a comprar cargas não comercializadas de chá provenientes da Índia; foi o que bastou para que o estopim acendesse e começasse a revolta com o triunfo final por parte dos colonos sete anos mais tarde.

A Inglaterra exporta para as colônias não apenas opressão e desmando, também vieram com eles intelectuais, corpos maçônicos inteiros alinhados nas fileiras do exército, comerciantes que não tinham vez no país de origem pelo afogamento comercial que sofriam por não pertencerem à nobreza, isto é, era um caleidoscópio de formas e idéias, que fez com que surgissem novos pensamentos e atitudes de ação, perante uma nova forma de agir, não apenas por parte dos colonos oriundos diretamente da Inglaterra, mas principalmente daqueles já nascidos em território americano e que não tinham, portanto, nenhum compromisso com a pátria de origem de seus genitores.

Estava em plena forma o pensamento filosófico do *Iluminismo*, filosofia que exalta a razão como fator primordial para engrandecimento do homem perante o universo. Essa exaltação à razão, como veremos adiante, chega ao extremo com a revolução francesa. Dentro da filosofia iluminista, das quais muitos filósofos revolucionários fazem parte em solo americano, exaltam uma de suas correntes filosóficas, com o objetivo de todos os homens terem direito à felicidade, através do conhecimento racional e a liberdade de pensamento.

Entre estes filósofos Maçons, estava Benjamin Franklin (1705-1790), herói da revolução americana, admirado não apenas em sua terra natal, Boston, Estados Unidos, como também na Europa, que leva para as salas de reuniões maçônicas européias, o ideal libertário americano.

Em conjunto com os Maçons, Thomas Jefferson e Samuel Adams, no ano de 1776, elaboram o texto da declaração da independência:

> *Consideramos estas verdades como evidentes por si mesmas, que todos os homens foram criados iguais, foram dotados pelo*

Criador de certos direitos inalienáveis, que entre estes estão a vida, a liberdade e a busca da felicidade.

Que a fim de assegurar esses direitos, governos são instituídos entre os homens, derivando seus justos poderes do consentimento dos governados; que, sempre que qualquer forma de governo se torne destrutiva de tais fins, cabe ao povo o direito de alterá-la ou aboli-la e instituir novo governo, baseando-o em tais princípios e organizando-lhe os poderes pela forma que lhe pareça mais conveniente para realizar-lhe a segurança e a felicidade (www.embaixada-americana.org.br. 08/11/2006).

Esta declaração fora inspirada na filosofia de Jean Jacques **Rousseau** (1712-1778) ao propor um estado utópico, decorrente do senso comum, que garanta o direito de todos os cidadãos.

Um homem nascido em solo francês, Charles-Louis de Secondat, Barão de la Brède e de **Montesquieu** (1689-1755), sem seu conhecimento, faz parte deste caleidoscópio, quando da proposta dos três poderes da república de sua inspiração: executivo, legislativo e judiciário, onde um fiscaliza o outro, mas são independentes entre si. Assim se referia à forma de governo: a democracia baseia-se na virtude, a monarquia na honra e o despotismo no medo. Todavia, para Montesquieu, o sistema monárquico constitucional britânico seria o ideal.

As sementes estavam lançadas, não só do ponto de vista filosófico doutrinário inspirado pelos iluministas e enciclopedistas, como também pelo ideal libertário da revolução americana.

Uma nova anatomia revolucionária estava se formando longe do solo americano, para logo explodir inspirada na declaração da independência americana:

Sempre que qualquer forma de governo se torne destrutiva de tais fins, cabe ao povo o direito de alterá-la ou aboli-la e instituir novo governo, baseando-o em tais princípios e organizando-lhe os poderes pela forma que lhe pareça mais conveniente para realizar-lhe a segurança e a felicidade (idem acima).

Estava começando a emergir a Revolução Francesa.

A Revolução Francesa

A história coloca na Revolução Francesa o marco inicial da idade contemporânea que está em vigência até nossos dias.

A sublevação política que ocorreu no ano de 1789, e se prolonga durante 10 anos, até a tomada do poder por Napoleão Bonaparte por intermédio de um golpe de estado, acabando com o ciclo revolucionário, iniciado com a simbólica Tomada da Bastilha pelas massas populares revolucionárias.

A anatomia revolucionária se faz presente de uma forma dramática, talvez só comparada com a que viria ser a revolução na Rússia, que veremos a seguir.

A crise econômica estava no auge. Os camponeses famintos, que ainda estavam sob o regime feudal, assaltavam os celeiros à procura de alimento. Nessa época em Paris, que contava com 650.000 habitantes, a massa de indigentes que perambulavam pela rua era estimada em 120.000.

A monarquia absolutista, com seus inúmeros privilégios e abusos de poder, era também um obstáculo para a ascensão da burguesia, que prospera no comércio em decorrência do surgimento de grandes fábricas capitalistas. A burguesia não queria mais ser relegada a simples contemplador da vida política do país, era a classe média e dos novos ricos, não possuíam o título de nobreza, não lhes dando oportunidade de ascensão no exército, postos-chaves governamentais, participação no alto clero.

Enquanto o alto clero possuía as melhores terras – estimadas em seis por cento – o campesino pagava altos tributos dos impostos reais e do dízimo eclesiástico.

Politicamente a França estava organizada pelos chamados Estados Gerais, compostos pela nobreza, o clero e o povo, mas na prática quem decidia era o rei. Era uma forma política teórica, mas no auge da instabilidade política toma força, quando o povo representando 96% da população reclama para si os direitos, que estão sendo negados pela aristocracia. O povo se declara Assembléia Nacional deliberando em matéria de impostos, tirando do rei o legislar sobre as finanças do reino, sendo este o primeiro ato revolucionário.

O rei como esperado tenta anular as deliberações da Assembléia Nacional, mas por resistência dos componentes da Assembléia, apoiados pela massa popular, o rei volta atrás; nesse momento a Assembléia se torna Assembléia Constituinte, tirando da monarquia o poder absoluto.

Marcha e contramarcha, a burguesia sem experiência política comete os mesmos erros da monarquia, legislando com seus interesses de classe, tratando de conter as reivindicações dos oprimidos, onde o povo não podendo influir diretamente no governo, também não podia votar. Surge a divisão, os chamados ativos e passivos, dando constitucionalmente o direito de voto para os ativos; os passivos, é claro, era o povo, já que a principal forma para tornar-se ativo era o direito de possuir propriedade.

Prisões em massa, julgamentos sumários, mortes em decorrência dos julgamentos, políticos e filósofos se misturando em caminhos diversos, clubes que funcionam como lenha para continuar a fogueira revolucionária, a guilhotina decepando cabeças por mínima que fosse a culpa, cabeça real e aristocrática; a anarquia se instala. Poucos seguem um caminho, mas não sabem como caminhar nesse emaranhado de cipós. O medo toma conta da Europa. O ardor revolucionário começa a inflamar os países vizinhos. A resposta se faz sentir na proclamação de guerras contra a Áustria (a rainha da França Maria Antonieta, austríaca de nascimento, insensível perante a reclamação do povo, respondeu quando o povo faminto pedia pão: "*Se não têm pão, que comam brioche*").

No caos instaurado dois partidos políticos se digladiavam sobre quem seria o condutor da revolução, por um lado os jacobinos e por outro os girondinos.

Os jacobinos, comandados por Maximilien-François-Marie-Isadore de **Robespierre** (1758-1794), instauram o regime do terror, responsável por milhares de cabeças decepadas pela guilhotina, mais tarde a sua também. Robespierre cria o clube jacobino um ano antes da revolução, formado principalmente por pessoas da classe média, liberais e nacionalistas; lutava pelos ideais do triunfo da revolução, pela França exportando, mais tarde, a revolução para os demais países europeus. Com a popularidade que Robespierre gozava, mais e mais clubes jacobinos se espalham pela França. Consideravam-se a elite revolucionária e os salvadores da pátria. No mesmo ano de 1788, Luiz XVI reúne os Estados Gerais, que como vimos foi um fracasso, decorrente da liderança que os jacobinos exerciam no povo francês.

Quem se contrapunha aos jacobistas estava com os girondinos, assim chamados por serem os deputados originários da região de Gironda, considerados de "direita". Veio daí o que até em nossos dias chamamos politicamente uma pessoa de "direita" – conservador – ou uma pessoa de "esquerda" – radical. Na Assembléia Nacional os mais radicais se sentavam à esquerda de quem presidia os debates, sendo reservado o lado direito para os conservadores.

Como sempre acontece na história, haverá fragmentação de sociedades que no início agrupam um número de pessoas; existirão dentro dessas sociedades pessoas que não mais se adaptam aos pensamentos para os quais foram inicialmente criadas. Saindo das fileiras dos jacobinos, em 1790, Danton, Santerre, Marat, Desmolins, Herbert, criam o Clube do Cordeliers, ou Sociedade do Direito do Homem e do Cidadão, uma maneira de invocar e seguir os princípios; no dia 26 de agosto de 1789, fora lançada a principal carta revolucionária, a Declaração Universal dos Direitos do Homem.

E foi para isso que veio a Revolução Francesa, deixando em nossos dias essa carta tão importante em sua essência democrática e humanista, inspirada na filosofia iluminista.

Mais tarde, em 10 de dezembro de 1948, referendado pela ONU em sua Assembléia Geral em 30 artigos, fazendo justiça ao que a revolução americana e francesa fizeram pelo homem; à mortandade que se insurgiu contra a opressão e a miséria; à história desde o tempo do código de Hamurabi há mais de 2.000 anos antes de Cristo; a favor do necessitado, dos menos favorecidos; contra a opressão e as tiranias. Defendendo, enfim, a honra, vendo o ser humano como único ser inalienável, singular, que tem por direito a cidadania, palavra esta entendida em sua universalidade.

A Revolução Russa

Da revolução Russa, nasce o **Socialismo**.

Da Revolução Industrial surge o **Capitalismo**.

A história nos conta da evolução sofrida do trabalho manual, artesanal; para a industrial, na produção em massa.

Na metade do século XVIII e no século XIX, uma nova era se faz presente em nosso meio social, a Era Industrial. Não existe um divisor de água de transformação, apenas é uma evolução da inteligência, invencionismo do ser humano, para agregar em sua economia as necessidades que reclama uma sociedade emergente que, visando o lucro, evolui para o **capitalismo** como meio de subsistência, ascensão social, poder e principalmente uma resposta às também necessidades urgentes de uma sociedade feudal, onde a terra não era mais sustento para famílias com proles numerosas.

Correspondendo a palavra revolução a acontecimento de mudanças agudas, a passagem da produção manual à industrial se dá de uma maneira gradual, mas também com sangue.

A expansão do comércio marítimo dominado pela Inglaterra e Holanda; a invenção de uma nova fonte de energia, a máquina a vapor; a exploração do carvão mineral, para fazer funcionar essas máquinas; a maciça migração do trabalhador do campo para a cidade; a abundância do capital, decorrente dos lucros do comércio marítimo e agrícola, são um dos fatores que levam à revolução industrial.

Sem dúvida que está na produção industrial uma grande transformação que sofre a sociedade a partir dos primeiros teares que produzem por atacado nascidos na Inglaterra; por outro lado, a conquista social decorrente dos primeiros anos da era industrial se dá de maneira traumática, mas sem sofrer solução de continuidade, numa nova sociedade de postura ética diferente, visando uma ética em conjunto com seus pares trabalhadores, por intermédio de uma nova forma de lideranças, surgidas dentro dessa massa nova de trabalhadores, que invade as cidades à procura de emprego, criando cortiços sub-humanos na periferia de Paris, Londres, Roma...; os líderes dessa nova classe social emergente, junto com os patrões, começam a ensaiar os meandros de uma nova luta, para melhoria dos salários, condições de trabalho, etc.. Desse conflito, desse caos social surgem os **sindicatos**.

Da própria indústria que se agiganta em todos os campos de produção, não só nas cidades mas também no campo; onde migração campo-cidade visa o princípio básico de acalmar a fome; onde novas máquinas fazem o trabalho do que antes era realizado pela família no cultivo da terra e a necessidade de união destes, que ainda se encontram ligados à terra para produção de alimentos, surge outra forma de sociedade de união, para fazer frente ao capital mercantilista, barateando a produção; dessa união, surgem as **cooperativas**.

Esse trabalhador, que agora seus músculos trabalham com movimentos repetitivos, que busca conquistas cada vez mais ascendentes à procura de um bem-estar maior, por intermédio dos **sindicatos**, que após ter corrido muito sangue pelos cortiços e ruas das grandes cidades européias se instala definitivamente, formando uma nova "classe" social trabalhadora: o **proletariado**.

Um fator preponderante se dá também no meio religioso, mais especificamente com a interpretação do protestantismo por intermédio de um dos reformadores, Calvino, através do presbiterianismo, uma forma de culto ascética que leva os imigrantes da Inglaterra para o continente Americano, bem como é aceito por toda Europa, por ser muito conveniente, ao qual se agarrava a nova classe média emergente, com o dinheiro gerado pela riqueza do comércio marítimo, bem como da indústria que começava a produzir seus frutos capitalistas, na Holanda, Inglaterra, França. Deixemos que Max Weber, em seu livro "A Ética Protestante e o Espírito do Capitalismo", pág. 127, de 2003, nos diga como isto se deu:

> *Quanto maior a posse desde que a atitude ascética com a vida esteja dominada, mais pesado o sentimento de responsabilidade de mantê-la intacta à glória de Deus e em fazê-la crescer em um esforço contínuo. As origens desse tipo de vida se estendem em certas raízes, como diversos aspectos do espírito do capitalismo, a Idade Média. Mas foi na ética do protestantismo ascético que encontrou fundamento ético consistente. Seu significado para desenvolvimento do capitalismo é obvio.*

Ou seja, o discurso de Calvino era bem mais confortável que o discurso católico; este pregava a pobreza como meio de vida para a salvação, o clero maior à vista do povo não dava o exemplo posto que a riqueza destes era para que todos vissem. Calvino, por outro lado, baseado em argumento da Bíblia, dizia mais ou menos isto: podes lucrar quanto quiseres desde que te lembres que tendes um irmão a teu lado que também é filho de Deus, sendo tua obrigação ajudar, nunca esquecendo da vida ascética que tens que levar, para a glória de Deus.

A indústria prosperando com suas máquinas a vapor cada vez mais complexas, a produção cada vez maior encontrando mercado fora das fronteiras do país produtor bem como além mar, o forte clamor religioso da época dando brecha para o crescimento do capital sem desculpar-se perante Deus, organizações sociais trabalhadoras em franca formação de contestação com os patrões. O cenário estava armado para Karl Marx.

Karl Marx (1818-1883), nasce de uma família judaico-alemã. Filósofo seguidor das idéias de Hegel, seu principal argumento social está em coletivizar a riqueza, para uma melhor distribuição da justiça social. Amigo de Friedrich Engels, elabora com este o famoso *Manifesto Comunista,* onde pela primeira vez aparece a frase histórica *"Proletários de todos os países uni-vos"*.

No ano de 1864, junto com Engels, é um dos principais

fundadores da Associação Internacional dos Trabalhadores, indicando de maneira "oficial" a caminhada para o socialismo na participação como líderes da Primeira Internacional.

Nos escritos, análises filosóficas e pensamentos revolucionários que surgem com Marx e Engels, o que se denomina de **marxismo**, com o *materialismo histórico,* cuja idéia toma como base que a economia é a principal causa dos fenômenos históricos e sociais, incluindo aí a questão jurídica, política, moral e artística. Uma outra forma do marxismo que leva como doutrina ao conflito de classe está no *materialismo dialético,* na proposta que a vida é uma evolução permanente de matéria na natureza da própria vida, e da consciência.

Para Marx tinha-se que colocar em prática aquilo que os filósofos desde a antigüidade vinham desenvolvendo, propondo não mais uma interpretação do mundo, mas uma transformação. Lênin, entendendo o recado do marxismo, é quem irá colocar na prática essa transformação proposta por Marx e Engels, lavando a questão revolucionária com sangue, nas ruas de Moscou, na forma que depois leva por nome, marxismo-leninismo na União Soviética, transformação na prática que começa na derrocada da monarquia dos Czares em 1917. Mas como sempre acontece na história, outras formas de comunismo aparecem, um contestando o outro: o comunismo da Albânia, o maoísmo na China, Coréia do Norte, Cuba, entre outros.

Desse comunismo que na prática foi colocado por Lênin para mais tarde ser pisoteado por Stalin, surge uma maneira moderada desse comunismo, contestando a tirania stalinista, o assim chamado **socialismo**.

A anatomia da Revolução Russa também se faz presente, conforme suas características desenhadas acima: fome, despotismo de um governo tirano monárquico dos czares e o surgimento vindo da classe mais esclarecida, o pavio que acende a chama revolucionária.

Comentários finais

Nossa humanidade caminha ao sabor dos ventos sociais, os

idos da história nos confirmam tal afirmativa na preocupação constante de justiça; ora já se faz presente em torno de 5.000 anos atrás com o Código de Hamurabi, rei da Babilônia, por imposição real de leis a serem cumpridas pelos súditos, ora por revoluções que invariavelmente ecoam em grito de liberdade.

Evoluímos em nossa história recente, de um sistema feudal ligado às monarquias despóticas, para duas formas de governos, ambos com um forte sentir democrático: parlamentarismo, presidencialismo; evoluímos para um socialismo consciente de uma abrangência maior, também democrático. Das revoluções recentes, encontramos nosso devir.

Em todas as lutas travadas para um melhoramento social, a fome continua presente, em conjunto com as injustiças sociais, sendo o despotismo que as sustenta. Continua em aberto o capítulo, certamente enquanto a anatomia de uma revolução se forme com o tripé: injustiça social que leva à fome, vaidade que leva ao despotismo, e cabeças pensantes para romper tal paradigma, virá novas formas de sociedade, e com elas nova ética a desenvolver.

A moral muda conforme os costumes, a ética acompanha tais mudanças, desenvolvendo novas maneiras de ver uma sociedade em transformação. O que antes poderia ser aceito moralmente quando Luís XVI, rei da França, dizia a seus súditos: "O estado sou eu", nos dias de hoje tal afirmativa é uma imoralidade e eticamente condenável.

Vivemos nos dias de hoje em uma economia politicamente globalizada, quem sabe as intenções iniciais fossem uma maneira de dividir o bolo, mas o que observamos é a imoralidade dos governos de desenvolvimento maior apoiando uma economia imoral, aumentando a distância dos pobres e daqueles em desenvolvimento, onde o chamado capitalismo tem um adjetivo a mais qual seja, selvagem, mas explícito com a barbárie americana, de se negar ainda de participar do documento de Kyoto.

O despotismo que vivemos está camuflado com uma pseudodemocracia, observando que países que se denominam democráticos têm discurso hipócrita para com aqueles que não o são, usam de seu poder econômico para subjugar conforme seus interesses comerciais, criando dessa maneira um elo da corrente para formar a anatomia de uma revolução; o outro elo já está formado, a miséria, crianças morrendo miseravelmente de fome, em nossa América Latina, África, Ásia, enquanto gastos militares absurdos e desnecessários estão sendo promovidos para destruir os miseráveis que não se adaptam a seu sistema, ou querer mais do que já possuem, leia-se Afeganistão, Iraque.

A história também nos ensina que é um bumerangue, e este está voltando contra aqueles que fizeram a história com sangue de inocentes e despotismo político-econômico, leia-se Estados Unidos da América, nos massacres que fizeram na América Latina por intermédio de suas empresas comerciais; leia-se Inglaterra, com a barbárie no genocídio que fizeram na Índia; leia-se França, com matanças ocorridas no Vietnã e Argélia; leia-se Oriente Médio com a estupidez religiosa e política, fazendo os inocentes entrarem no curso das balas e estilhaços de bombas.

Tudo na história se repete, infelizmente o ser humano é cego quando o egoísmo e a vaidade tomam conta de seu ser, e usando pseudoqualidades de liderança, usurpam de maneira vil a vontade de um povo, que parece adormecido, mas se aglutina como carvão mais perto um do outro, para ter força maior nessa chama, formando as massas populares, para logo depois explodir em revolução.

A questão é: será que estamos começando com uma nova revolução, não mais regionalizada e sim de maneira global? As bases já se encontram plantadas, os gritos começaram a se ouvir ainda em sussurro, o pavio está pronto para ser aceso, talvez no Oriente Médio, que é de onde tudo começou.

ANEXO I

Declaração Universal dos Direitos Humanos

Preâmbulo

Considerando que o reconhecimento da dignidade inerente a todos os membros da família humana e de seus direitos iguais e inalienáveis é o fundamento da liberdade, da justiça e da paz no mundo,

Considerando que o desprezo e o desrespeito pelos direitos humanos resultaram em atos bárbaros que ultrajaram a consciência da Humanidade e que o advento de um mundo em que todos gozem de liberdade de palavra, de crença e da liberdade de viverem a salvo do temor e da necessidade foi proclamado como a mais alta aspiração do ser humano comum,

Considerando ser essencial que os direitos humanos sejam protegidos pelo império da lei, para que o ser humano não seja compelido, como último recurso, à rebelião contra a tirania e a opressão,

Considerando ser essencial promover o desenvolvimento de relações amistosas entre as nações,

Considerando que os povos das Nações Unidas reafirmaram, na Carta da ONU, sua fé nos direitos humanos fundamentais, na dignidade e no valor do ser humano e na igualdade de direitos entre homens e mulheres, e que decidiram promover o progresso social e melhores condições de vida em uma liberdade mais ampla,

Considerando que os Estados-Membros se comprometeram a promover, em cooperação com as Nações Unidas, o respeito universal aos direitos e liberdades humanas fundamentais e a observância desses direitos e liberdades,

Considerando que uma compreensão comum desses direitos e liberdades é da mais alta importância para o pleno cumprimento desse compromisso, agora portanto,

A Assembléia Geral

Proclama

A Presente Declaração Universal dos Direitos Humanos

como o ideal comum a ser atingido por todos os povos e todas as nações, com o objetivo de que cada indivíduo e cada órgão da sociedade, tendo sempre em mente esta Declaração, se esforce, através do ensino e da educação, por promover o respeito a esses direitos e liberdades, e, pela adoção de medidas progressivas de caráter nacional e internacional, por assegurar o seu reconhecimento e a sua observância universal e efetiva, tanto entre os povos dos próprios Estados-Membros, quanto entre os povos dos territórios sob sua jurisdição.

Artigo I. Todos os seres humanos nascem livres e iguais em dignidade e direitos. São dotados de razão e consciência e devem agir em relação uns aos outros com espírito de fraternidade.

Artigo II. 1. Todo ser humano tem capacidade para gozar os direitos e as liberdades estabelecidos nesta Declaração, sem distinção de qualquer espécie, seja de raça, cor, sexo, idioma, religião, opinião política ou de outra natureza, origem nacional ou social, riqueza, nascimento, ou qualquer outra condição.

2. Não será também feita nenhuma distinção fundada na condição política, jurídica ou internacional do país ou território a que pertença uma pessoa, quer se trate de um território independente, sob

tutela, sem governo próprio, quer sujeito a qualquer outra limitação de soberania.

Artigo III. Todo ser humano tem direito à vida, à liberdade e à segurança pessoal.

Artigo IV. Ninguém será mantido em escravidão ou servidão; a escravidão e o tráfico de escravos serão proibidos em todas as suas formas.

Artigo V. Ninguém será submetido à tortura nem a tratamento ou castigo cruel, desumano ou degradante.

Artigo VI. Todo ser humano tem o direito de ser, em todos os lugares, reconhecido como pessoa perante a lei.

Artigo VII. Todos são iguais perante a lei e têm direito, sem qualquer distinção, a igual proteção da lei. Todos têm direito a igual proteção contra qualquer discriminação que viole a presente Declaração e contra qualquer incitamento a tal discriminação.

Artigo VIII. Todo ser humano tem direito a receber dos tribunais nacionais competentes remédio efetivo para os atos que violem os direitos fundamentais que lhe sejam reconhecidos pela constituição ou pela lei.

Artigo IX. Ninguém será arbitrariamente preso, detido ou exilado.

Artigo X. Todo ser humano tem direito, em plena igualdade, a uma justa e pública audiência por parte de um tribunal independente e imparcial, para decidir sobre seus direitos e deveres ou do fundamento de qualquer acusação criminal contra ele.

Artigo XI. 1. Todo ser humano acusado de um ato delituoso tem o direito de ser presumido inocente até que a sua culpabilidade tenha sido provada de acordo com a lei, em julgamento público no qual lhe tenham sido asseguradas todas as garantias necessárias à sua defesa.

2. Ninguém poderá ser culpado por qualquer ação ou omissão que, no momento, não constituíam delito perante o direito nacional

ou internacional. Também não será imposta pena mais forte do que aquela que, no momento da prática, era aplicável ao ato delituoso.

Artigo XII. Ninguém será sujeito à interferência em sua vida privada, em sua família, em seu lar ou em sua correspondência, nem a ataque à sua honra e reputação. Todo ser humano tem direito à proteção da lei contra tais interferências ou ataques.

Artigo XIII. 1. Todo ser humano tem direito à liberdade de locomoção e residência dentro das fronteiras de cada Estado.

2. Todo ser humano tem o direito de deixar qualquer país, inclusive o próprio, e a este regressar.

Artigo XIV. 1. Todo ser humano, vítima de perseguição, tem o direito de procurar e de gozar asilo em outros países.

2. Este direito não pode ser invocado em caso de perseguição legitimamente motivada por crimes de direito comum ou por atos contrários aos objetivos e princípios das Nações Unidas.

Artigo XV. 1. Todo homem tem direito a uma nacionalidade.

2. Ninguém será arbitrariamente privado de sua nacionalidade, nem do direito de mudar de nacionalidade.

Artigo XVI. 1. Os homens e mulheres de maior idade, sem qualquer restrição de raça, nacionalidade ou religião, têm o direito de contrair matrimônio e fundar uma família. Gozam de iguais direitos em relação ao casamento, sua duração e sua dissolução.

2. O casamento não será válido senão com o livre e pleno consentimento dos nubentes.

3. A família é o núcleo natural e fundamental da sociedade e tem direito à proteção da sociedade e do Estado.

Artigo XVII. 1. Todo ser humano tem direito à propriedade, só ou em sociedade com outros.

2. Ninguém será arbitrariamente privado de sua propriedade.

Artigo XVIII. Todo ser humano tem direito à liberdade de pensamento, consciência e religião; este direito inclui a liberdade de mudar de religião ou crença e a liberdade de manifestar essa religião ou crença, pelo ensino, pela prática, pelo culto e pela observância, em público ou em particular.

Artigo XIX. Todo ser humano tem direito à liberdade de opinião e expressão; este direito inclui a liberdade de, sem interferência, ter opiniões e de procurar, receber e transmitir informações e idéias por quaisquer meios e independentemente de fronteiras.

Artigo XX. 1. Todo ser humano tem direito à liberdade de reunião e associação pacífica.

2. Ninguém pode ser obrigado a fazer parte de uma associação.

Artigo XXI. 1. Todo ser humano tem o direito de fazer parte no governo de seu país diretamente ou por intermédio de representantes livremente escolhidos.

2. Todo ser humano tem igual direito de acesso ao serviço público do seu país.

3. A vontade do povo será a base da autoridade do governo; esta vontade será expressa em eleições periódicas e legítimas, por sufrágio universal, por voto secreto ou processo equivalente que assegure a liberdade de voto.

Artigo XXII. Todo ser humano, como membro da sociedade, tem direito à segurança social, à realização pelo esforço nacional, pela cooperação internacional e de acordo com a organização e recursos de cada Estado, dos direitos econômicos, sociais e culturais indispensáveis à sua dignidade e ao livre desenvolvimento da sua personalidade.

Artigo XXIII. 1.Todo ser humano tem direito ao trabalho, à livre escolha de emprego, a condições justas e favoráveis de trabalho e à proteção contra o desemprego.

2. Todo ser humano, sem qualquer distinção, tem direito a igual remuneração por igual trabalho.

3. Todo ser humano que trabalha tem direito a uma remuneração justa e satisfatória, que lhe assegure, assim como à sua família, uma existência compatível com a dignidade humana e a que se acrescentarão, se necessário, outros meios de proteção social.

4. Todo ser humano tem direito a organizar sindicatos e a neles ingressar para proteção de seus interesses.

Artigo XXIV. Todo ser humano tem direito a repouso e lazer, inclusive a limitação razoável das horas de trabalho e a férias remuneradas periódicas.

Artigo XXV. 1. Todo ser humano tem direito a um padrão de vida capaz de assegurar-lhe, e a sua família, saúde e bem-estar, inclusive alimentação, vestuário, habitação, cuidados médicos e os serviços sociais indispensáveis, e direito à segurança em caso de desemprego, doença, invalidez, viuvez, velhice ou outros casos de perda dos meios de subsistência em circunstâncias fora de seu controle.

2. A maternidade e a infância têm direito a cuidados e assistência especiais. Todas as crianças, nascidas dentro ou fora do matrimônio gozarão da mesma proteção social.

Artigo XXVI. 1. Todo ser humano tem direito à instrução. A instrução será gratuita, pelo menos nos graus elementares e fundamentais. A instrução elementar será obrigatória. A instrução técnico-profissional será acessível a todos, bem como a instrução superior, esta baseada no mérito.

2. A instrução será orientada no sentido do pleno desenvolvimento da personalidade humana e do fortalecimento do respeito pelos direitos humanos e pelas liberdades fundamentais. A instrução promoverá a compreensão, a tolerância e a amizade entre todas as nações e grupos raciais ou religiosos, e coadjuvará as atividades das Nações Unidas em prol da manutenção da paz.

3. Os pais têm prioridade de direito na escolha do gênero de instrução que será ministrada a seus filhos.

Artigo XXVII. 1. Todo ser humano tem o direito de participar livremente da vida cultural da comunidade, de fruir das artes e de participar do progresso científico e de seus benefícios.

2. Todo ser humano tem direito à proteção dos interesses morais e materiais decorrentes de qualquer produção científica literária ou artística da qual seja autor.

Artigo XXVIII. Todo ser humano tem direito a uma ordem social e internacional em que os direitos e liberdades estabelecidos na presente Declaração possam ser plenamente realizados.

Artigo XXIX. 1. Todo ser humano tem deveres para com a comunidade, na qual o livre e pleno desenvolvimento de sua personalidade é possível.

2. No exercício de seus direitos e liberdades, todo ser humano estará sujeito apenas às limitações determinadas pela lei, exclusivamente com o fim de assegurar o devido reconhecimento e respeito dos direitos e liberdades de outrem e de satisfazer as justas exigências da moral, da ordem pública e do bem-estar de uma sociedade democrática.

3. Esses direitos e liberdades não podem, em hipótese alguma, ser exercidos contrariamente aos objetivos e princípios das Nações Unidas.

Artigo XXX. Nenhuma disposição da presente Declaração pode ser interpretada como o reconhecimento a qualquer Estado, grupo ou pessoa, do direito de exercer qualquer atividade ou praticar qualquer ato destinado à destruição de quaisquer dos direitos e liberdades aqui estabelecidos.

www.unicrio.corg,br. 09/11/2006.

ANEXO II

O Manuscrito Halliwell ou Poema Regius

AQUI COMEÇAM OS ESTATUTOS DA ARTE DA GEOMETRIA SEGUNDO EUCLIDES.

Aquele que quiser ler e pesquisar
Pode encontrar, contada em um livro antigo,
A história de grandes senhores e belas damas
Que tinham um grande número de filhos muito sensatos,
Mas nenhum dinheiro para criá-los,
Na cidade, nos campos e na floresta,
Fizeram uma assembléia.
Por amor a seus filhos para decidir
Como ganhariam a vida
Sem preocupação nem angústia com o futuro
De seus numerosos descendentes
Que iriam nascer quando eles mesmos fossem apenas cinzas.
Eles iriam buscar os grandes sábios
Para que lhes fossem ensinados bons ofícios.

Nós rezamos, por amor a nosso Senhor,
Para que nossos filhos façam belos e bons trabalhos
Para ganharem a vida,
Sem dificuldade, mas sim com honestidade e sem
medo do dia de amanhã.

Naquele tempo, por meio da geometria,
Esse honesto ofício que é a Maçonaria
Foi concebido
E organizado por uma nobre assembléia de sábios.
Esses sábios, conforme o desejo dos senhores, inventaram a geometria
E a denominaram Maçonaria
Para que ela se tornasse o mais belo dos ofícios.
Os filhos dos senhores foram para junto do sábio
Para que ele lhes ensinasse o ofício da geometria.
Tarefa que desempenhou muito bem.

Respondendo às súplicas dos pais e mães,
Ele os iniciou no ofício.
Quem aprendia melhor o ofício que os outros
E se mostrava honesto
Tinha mais direito à consideração.
Euclides era o nome do grande sábio.
Célebre ele se tornou.
Ele fez com que aquele que soubesse muito
Instruísse aquele que sabia menos
Para que todos fossem perfeitos no ofício.
Sim, eles deviam instruir uns aos outros
E amar-se como se amam Irmãos e irmãs.

Ele disse que aquele que fosse mais bem formado
Seria chamado Mestre.
Para que fosse reverenciado
É assim que devia ser chamado.
Um Maçom nunca deveria chamar
Alguém do ofício
A não ser de Irmão,
Mesmo que ele não seja muito hábil.
Entre os Maçons deve reinar o amor,
Pois todos são de nobre linhagem.
O ofício da Maçonaria teve seu início
Quando o sábio Euclides em sua grande sabedoria
Fundou o ofício nas terras do Egito.

Foi em terras do Egito que ele transmitiu

Seu ensinamento.
Isso durou um longo tempo
Até que o ofício viesse para nosso país.
O ofício chegou na Inglaterra
Quando reinava o rei Athelstan.
Ele mandou construir castelos e edificações,
Altos templos extraordinários
Para deleitar-se, de dia ou à noite,
E para reverenciar
Deus com toda a sua alma.
O bom senhor amava o ofício
E empenhava-se em fortalecê-lo,
Pois ele havia observado uma certa fraqueza.
Ele ordenou, portanto, que se buscasse no país

Os Maçons de ofício
Que foram até ele
Para corrigir essas imperfeições de seus conselhos.
Reuniram-se homens de diferentes classes,
Duques, condes, barões,
Cavaleiros, escudeiros e muitos outros,
Do mesmo modo, os burgueses da cidade.
Todos estavam lá, conforme sua classe,
Para definir os estatutos dos Maçons.
Eles uniram seus espíritos
E desempenharam bem sua tarefa.

ANUNCIARAM QUINZE ARTIGOS
E DETERMINARAM QUINZE PONTOS.

ARTIGO PRIMEIRO

O primeiro artigo da geometria:
Podemos confiar em um Mestre Maçom
Pois ele é firme, sincero e verdadeiro.
Ele não será contestado
Se pagar os Companheiros após a refeição
Conforme o valor habitual.
Ele deverá remunerá-los eqüitativamente segundo a boa-fé
E os méritos deles

Sem nunca levar vantagem.
Eles gastarão o que ganharem
E não economizarão por avareza ou por medo da falta.
Eles não terão mais
De um senhor ou de um companheiro.
Deles não tome nada
Seja como um juiz, aja dentro da justiça,
Assim você dará a cada um de acordo com seu mérito.
Faça isso da melhor forma que puder
Para sua honra e seu proveito.

ARTIGO SEGUNDO
O segundo artigo da boa Maçonaria é característico.
Todo MESTRE Maçom
Deve comparecer às assembléias gerais.
Ele deve portanto dizer
Onde a assembléia será realizada.
A essa reunião ele assistirá
Exceto em caso de justificativa válida,
Sob pena de ser reputado rebelde ao ofício
E sem honra.
Se uma doença vier a se apoderar dele
E ele não puder vir
Isso será uma justificativa válida
Que a assembléia aceitará como tal, se ela for verdadeira.

ARTIGO TERCEIRO
O artigo terceiro, em verdade,
É que o MESTRE não aceitará nenhum Aprendiz
Que ele não tenha certeza de empregar durante ao menos
Sete anos.
Duração que não pode ser inferior.
Ela não poderá ser de nenhum proveito para o senhor
Nem para ele próprio.
Isso se compreende facilmente
Por menos que se raciocine a respeito.

ARTIGO QUARTO
O quarto artigo é
Que o MESTRE não poderá

Tomar um servo como Aprendiz
Ou empregá-lo como engodo do lucro,
Pois seu senhor poderá buscar o Aprendiz
Onde quer que vá.
Se ele fosse recrutado na LOJA,
Poderia haver desordem.
Um caso desses prejudicaria a todos.
Todos os Maçons seriam atingidos.
Se tal homem assumisse o ofício
Muitas desordens ocorreriam.
Para a paz e a harmonia,
Admitam um Aprendiz de boa condição.
Antigamente, é o que estava escrito,
O Aprendiz deveria ser de alta linhagem.
Assim, filhos de grandes senhores
Aprenderam a geometria, fonte de benefícios.

ARTIGO QUINTO

O quinto artigo é deliciosamente bom.
O Aprendiz não pode ser bastardo.
O MESTRE nunca admitirá
Como Aprendiz uma cabeça perturbada.
Assim vocês compreendem
Que ele deve ter os membros em bom estado.
O ofício padeceria
Se entrasse um amputado, um coxo,
Pois um homem enfraquecido
Não poderia cumprir sua tarefa.
Cada um de vocês compreenderá
Que o ofício demanda homens fortes.
Um homem mutilado não tem força suficiente.
Isso vocês sabem há muito tempo.

ARTIGO SEXTO

Ninguém deve esquecer o artigo sexto
Que diz que o M.1, não pode prejudicar o senhor,
Solicitando ao senhor para seu Aprendiz
O que ele dá aos Companheiros,
Pois estes são formados,

Enquanto o outro ainda não é.
Seria contrário à razão
Dar-lhe o salário dos Companheiros.
Este artigo diz que o Aprendiz deve solicitar
Menos que os Companheiros, que conhecem o ofício.
Em muitas disciplinas, é preciso que se saiba,
O MESTRE pode instruir seu Aprendiz
Para que seu salário possa ser aumentado.
Quando ele tiver cumprido seu tempo,
Seu salário será aumentado.

ARTIGO SÉTIMO

Eis agora o artigo sétimo
Que diz claramente, Companheiros,
Que nenhum MESTRE, por favor ou medo,
Deverá vestir ou alimentar um ladrão.
Ele nunca acolherá um ladrão,
Nem um assassino,
Nem alguém com reputação duvidosa,
Pois isso envergonharia o ofício.

ARTIGO OITAVO

O artigo oitavo lhes mostra aqui
O que o MESTRE deve fazer
Se ele tiver diante de si um homem do ofício
Que não tenha capacidade suficiente.
Ele pode substituí-lo
E colocar em seu lugar alguém mais competente.
Pois um homem que tenha fraquezas
Pode prejudicar o ofício.

ARTIGO NONO

É claro,
O MESTRE deve ser ao mesmo tempo escutado e temido.
Ele não iniciará nenhum trabalho
Se não estiver certo de conduzi-lo bem.
Isso para o benefício do senhor
E do ofício.
Ele verificará as fundações
E zelará para que não oscilem nem desabem.

ARTIGO DÉCIMO

O artigo décimo ensina a vocês,
Que estão no alto ou embaixo na escala do ofício,
Que nenhum MESTRE deve sobrepujar um outro,
Mas construir em conjunto
Sob a direção do MESTRE.
Ele não intrigará um Companheiro
Que tiver realizado um trabalho.
Se isso ocorrer,
Ele pagará uma multa de dez libras,
Exceto se aquele que chefiava a obra
For julgado culpado.
Nenhum Maçom poderá assumir o trabalho de um outro,
Exceto se este ameaçar a obra.
Um Maçom pode então assumir a obra
Para o benefício do senhor.
Nesse caso,
Nenhum Maçom poderá se opor.
É verdade que, aquele que escavou as fundações,
Se for um verdadeiro Maçom,
Certamente conduzirá a obra a bom termo.

ARTIGO DÉCIMO PRIMEIRO

O artigo décimo primeiro,
eu lhes digo,
É justo e sem rodeios.
Ele diz com vigor
Que nenhum Maçom deve trabalhar durante a noite,
Exceto para dedicar-se ao estudo
Pelo qual poderá aperfeiçoar-se.

ARTIGO DÉCIMO SEGUNDO

O artigo décimo segundo diz que todo Maçom
Deve ser honesto.
Ele nunca deve criticar o trabalho dos Companheiros
Se quiser manter sua honra.
Seu comentário será honesto.
Pois o saber vem de Deus.
Todos os Companheiros devem trabalhar juntos
Para aperfeiçoar o ofício.

ARTIGO DÉCIMO TERCEIRO

O artigo décimo terceiro, que Deus me guarde,
Diz que, se o MESTRE admitir um Aprendiz,
Ele o instruirá da melhor forma que puder,
Transmitindo-lhe seu saber.
Assim ele conhecerá o ofício e poderá
Trabalhar, não importa em que lugar da terra.

ARTIGO DÉCIMO QUARTO

O artigo décimo quarto diz com razão
Como deve se comportar o MESTRE.
Ele não admitirá um Aprendiz
Se não tiver utilidade para ele.
Durante o aprendizado,
Ele lhe ensinará os diferentes pontos.

ARTIGO DÉCIMO QUINTO

O artigo décimo quinto, o último,
Diz que o MESTRE não deve ter para com os outros homens
Um comportamento hipócrita,
Nem seguir os Companheiros no caminho do erro,
Qualquer que seja o benefício que possa ter.
Ele nunca deverá fazer um falso juramento e
Com amor deverá preocupar-se com sua alma,
Sob pena de trazer para o ofício a vergonha
E para si a repreensão.

PRIMEIRO PONTO

Nesta assembléia, grandes senhores e MESTRES
Adotaram diversos pontos.
Quem quiser aprender o ofício e abraçá-lo
Deverá amar a Deus e a Santa Igreja.
Seu MESTRE também,
E igualmente seus Companheiros
É o que deseja o ofício.

SEGUNDO PONTO

O segundo ponto diz
Que o Maçom trabalhará nos dias úteis
Da melhor forma possível,

A fim de merecer seu salário e os dias de repouso.
Pois quem tiver feito bem seu trabalho
Merecerá grande reconforto.

TERCEIRO PONTO

O terceiro ponto é muito claro
Com relação ao Aprendiz, saibam bem.
De boa vontade ele deverá guardar segredo sobre os ensinamentos
De seu MESTRE e de seus Companheiros.
Ele nunca trairá as decisões da câmara
Nem o que se faz na Loja
O que quer que possa ser dito ou feito,
Nada será dito.
Tudo o que você ouvir, na Loja, ou na floresta,
Guarde para si, honradamente,
Sem o que, você mereceria uma repreensão
E grande vergonha abater-se-ia sobre o ofício.

QUARTO PONTO

O quarto ponto nos diz
Que ninguém deve mostrar-se pérfido para com o ofício.
Se cometer um erro que possa prejudicar o ofício,
Ele deverá cessar.
Ele não fará nenhum dano
Ao MESTRE ou aos Companheiros.
O Aprendiz com respeito
Obedecerá às mesmas leis.

QUINTO PONTO

O quinto ponto não é contestável.
Quando o Maçom receber seu salário
Do MESTRE, como foi acertado,
Ele o receberá humildemente.
Mas o Mestre terá um grande cuidado
Em avisá-lo antes do meio-dia
Se não quiser mais empregá-lo,
Como tinha o costume de fazer.
Assim, se a ordem for respeitada,
As coisas irão bem.

SEXTO PONTO

O sexto ponto será conhecido por todos
Do mais alto ao mais baixo degrau da escala.
Pode acontecer
Que alguns Maçons, por inveja ou ira,
Deixem surgir uma disputa.
O MESTRE, se isso estiver em seu poder,
Deverá lhes fixar uma data, após a jornada de trabalho,
Para que possam se explicar.
Eles só tentarão fazer as pazes
Após o término de sua jornada de trabalho.
Durante os dias de licença, vocês poderão
Usar o tempo livre para se reconciliar.
Se vocês marcarem a conciliação fora de um dia de licença,
Isso acabará por perturbar o trabalho.
Façam de modo com que eles cheguem a um acordo
Para que permaneçam sob a lei de Deus.

SÉTIMO PONTO

O sétimo ponto ensina como manter honesta
A vida que Deus nos dá.
Assim como
Ele ordena,
Você não dormirá com a mulher de seu MESTRE
Nem de seus Companheiros, não é digno de um homem.
Isso prejudicaria o ofício.
Nem com a concubina de seus Companheiros,
Pois você não gostaria que fizessem o mesmo com a sua.
A punição para essa falta
Será permanecer Aprendiz durante sete anos completos.
Quem esquecer um desses pontos
Será duramente castigado,
Pois a infelicidade poderia resultar
De tal pecado mortal.

OITAVO PONTO

O oitavo ponto não deixa nenhuma dúvida.
Se você receber uma tarefa, qualquer que seja ela,
Ao MESTRE permaneça fiel.

Você nunca será desiludido.
Seja um leal intermediário
Entre o Mestre e os Companheiros
Aja eqüitativamente tanto com um quanto com os outros.
Isso será uma boa coisa.

NONO PONTO

O nono ponto refere-se
Ao intendente da casa.
Se vocês dois estiverem em casa,
Um deverá servir o outro com moderação e dedicação.
Companheiros, vocês devem saber
Que na sua vez vocês serão intendentes,
Não há nenhuma dúvida.
Ser intendente
É servir os outros
Como irmãs e Irmãos
Nunca tente
Escapar dessa tarefa.
Todos devem exercê-la
Como se deve.
Não se esqueça de pagar convenientemente
Quem lhe vendeu provisões
Para que não possam ter queixas contra você
Nem contra seus Companheiros, homem ou mulher.
Deverão ser pagos de acordo com seus méritos.
Além disso, você dará ao Companheiro
O detalhamento de seu salário,
A fim de evitar qualquer confusão.
Assim você não será repreendido.
Por sua vez, ele deverá manter controle exato
Dos bens que tiver recebido,
Das despesas feitas para os Companheiros,
Das quais você prestará contas
Quando os Companheiros lhe solicitarem.

DÉCIMO PONTO

O décimo ponto explica como viver bem
Sem confusão nem discussão.

Se algum dia um Maçom for colocado em posição difícil,
Se ele cometer um engano em sua obra
E inventar desculpas,
Ele não hesitará em desonrar seus Companheiros.
Por causa de tais infâmias
O ofício poderá ser censurado.
Se ele aviltar o ofício
Não lhe poupem de nada
E tentem afastá-lo do vício,
Sob pena de verem nascer guerras e conflitos.
Não lhe permitam nenhum repouso.
Até que o tenham convencido
A comparecer diante de vocês
De boa ou má vontade.
Durante a assembléia, ele comparecerá
Diante de todos os seus Companheiros reunidos.
Se ele se recusar,
Ele será excluído do ofício
E castigado de acordo com o código de nossos anciãos.

DÉCIMO PRIMEIRO PONTO

O décimo primeiro ponto recorre à discrição.
Com razão vocês podem compreendê-lo.
Um Maçom que conhece o ofício,
Que vê seu Companheiro talhar uma pedra
E ameaçar desperdiçá-la,
Deve corrigi-lo se puder
E ensiná-lo como realizar o talhe
Para que não seja maltratada a obra do Senhor.
Mostre-lhe como terminá-la
Com palavras calorosas que Deus lhe dá.
Por amor por Aquele que está lá no alto,
Por meio de palavras cultive a amizade.

DÉCIMO SEGUNDO PONTO

O décimo segundo ponto não pode ser mais realista.
No local onde será realizada a assembléia
Haverá Mestres, Companheiros,
Grandes senhores.

Haverá também o xerife,
O prefeito da cidade,
Cavaleiros e escudeiros
E almotacéis.
Todas as ordens dadas por eles
Serão respeitadas ao pé da letra
Pelos homens do ofício.
Se ocorrer alguma contestação,
Eles têm poder de decisão.

DÉCIMO TERCEIRO PONTO
O décimo terceiro ponto é muito útil.
Um Maçom nunca deve roubar
Nem auxiliar um ladrão
Com o objetivo de receber uma parte do roubo.
Ao cometer esse pecado, ele prejudicaria
A si e a sua família.

DÉCIMO QUARTO PONTO
O décimo quarto ponto é boa lei
Para aquele que tem medo.
Ele deve prestar juramento
Diante de seu MESTRE e seus Companheiros.
Ele obedecerá com zelo
Às ordens,
A seu senhor, ao rei,
Aos quais será fiel.
Todos os pontos que acabamos de enumerar
Você deve respeitar
E prestar juramento, queira ou não.
Todos os pontos
Foram ditados pela razão.
É preciso saber que será verificado
Que os Companheiros os coloquem em prática.
Se alguém vier a esquecê-los,
Qualquer que seja sua posição,
Ele será detido
E conduzido diante desta assembléia.

DÉCIMO QUINTO PONTO

O décimo quinto ponto é de grande proveito
Para aqueles que prestaram juramento.
Esta ordem é obra
Dos senhores e Mestres citados acima.
Ela foi redigida para impedir que se prejudique
Aqueles que recusarem esta constituição
E seus artigos escritos
Pelos senhores e Maçons.
Se suas faltas forem provadas
Diante desta assembléia,
E eles não quiserem emendar-se,
Deverão renunciar ao ofício
E jurar abandoná-lo.
A menos que reconheçam sua culpa,
Eles não farão mais parte do ofício.
E se recusarem-se a obedecer
O xerife os deterá imediatamente
E os lançará em uma escura prisão.
Seus bens e seu gado serão confiscados
Pelo tempo que aprouver ao rei.

UM OUTRO REGULAMENTO DA ARTE DA GEOMETRIA

Ordenou-se que anualmente
Uma assembléia seja realizada
Para verificar e retificar os erros
Do ofício no país.
Todos os anos ou a cada três anos,

Conforme o caso, será assim
No local por eles escolhido.
Data e local serão fixados, assim como
A localização exata.
Todos os homens do ofício assistirão a ela
Assim como os senhores
Para corrigir os erros do ofício.
Todos aqueles que pertençam ao ofício
Deverão jurar manter puros

Os estatutos do ofício
Tal como foram redigidos pelo rei Athelstan.
Esses estatutos, por mim encontrados,

Devem ser respeitados no território,
Fiéis à realeza que devo a minha
Dignidade.
Em cada assembléia,
Venham sentar-se junto de seu rei,
A fim de encontrar nele a graça
Para que ela permaneça em vocês.
Eu confirmo os estatutos do rei Athelstan
Que os ditou para o ofício.

A ARTE DOS QUATRO COROADOS.

Supliquemos a Deus Todo-Poderoso
E à Virgem Maria

Para que sejam protegidos esses artigos
E esses pontos,
Como esses quatro mártires
Que no ofício foram considerados com grande honra

Eles eram os melhores Maçons da Terra,
Escultores em madeira, fabricantes de imagens.
O imperador que tinha alta estima
Por esses nobres operários
Ordenou-lhes que criassem uma estátua à sua imagem
Que seria venerada.
Ele queria assim desviar
O povo da lei de Cristo.

Esses homens tinham fé na lei de Cristo
E em seu ofício, que não desejavam desonrar.
Eles adoravam Deus e seu ensinamento,
E desejavam permanecer a seu serviço.
Eles eram homens puros e sinceros
Que viviam segundo a lei divina,
Não queriam de forma alguma criar ídolos,

Apesar do benefício que podiam obter com isso.
Recusaram-se a criar uma imitação de Deus.
Não queriam renunciar a sua fé

E se perder nos caminhos de uma falsa lei.
O imperador irado ordenou que fossem detidos
E mantidos em um profundo calabouço.
Quanto mais ele os detinha prisioneiros,
Mais eles viviam na graça do Cristo.
Quando o rei viu que era impotente,
Ele ordenou que os matassem.
Se vocês quiserem saber mais
Vocês encontrarão no livro
Da Lenda dos santos.
Os nomes dos Quatro Coroados

São conhecidos por todos.
Sua festa ocorre no oitavo dia após
O Dia de Todos os Santos.
Escutem agora o que pude ler.
Bem depois que o Dilúvio de Noé,
Que angustiou todos, secasse,
Os homens construíram a torre da Babilônia,
De cal e pedra, de uma tal altura
Que nenhum homem havia visto antes disso.
O edifício era tão comprido e tão grande
Que fazia com sua altura uma sombra de sete milhas.
O rei Nabucodonosor o fez robusto
Para que, se um outro dilúvio acontecesse,
Não destruísse a obra.

Os homens tinham tanto orgulho
E faziam tanto alvoroço
Que a obra foi destruída
Quando um anjo a atingiu.
O anjo diversificou tanto as línguas
Que os homens não se compreendiam mais.

Depois de muitos anos, o bom sábio Euclides

Andou pelo mundo para ensinar geometria.
E ele fez outras coisas,
Diferentes ofícios, em grande número.
Pela graça do Cristo nos Céus
Ele fundou **as sete ciências.**

Gramática é a primeira, se não me engano.
Dialética é a segunda, sejamos abençoados.
Retórica é a terceira, não há contestação.
Como lhes digo, Música é a quarta.

Astronomia é a quinta, por minhas barbas.
Aritmética é a sexta, não há nenhuma dúvida.
Geometria, a sétima, encerra essa lista.
Feita de doçura e cortesia,
Gramática é uma raiz,
Todos a encontram nos livros.
Mas o ofício ultrapassa esse nível
Como o fruto vai além da raiz da árvore.

A retórica orna a palavra
E a música é um canto melodioso.
A astronomia faz a soma dos planetas.
A aritmética permite mostrar que uma coisa
É igual a outra.
Geometria, sétima ciência,
Permite distinguir o que é falso do que é verdadeiro,
Estou convicto.
Eis as sete ciências.
Quem bem as usa pode atingir o céu.

Filho, tenha bom senso
Para deixar para trás o orgulho e a inveja.
Oriente seu espírito para uma sadia sobriedade,
Para que caminhe na boa direção.
Agora eu lhes digo, prestem atenção

Ao que vem a seguir, que será muito útil.
O que está escrito aqui
Não é suficiente.

Se a inteligência lhe faltar,
Reze a seu Deus para que ele o ajude.
O Cristo nos disse,
Que a Santa Igreja é a casa de Deus.
O Livro da Lei diz em verdade
Que ela é feita para a prece.
É lá que o povo deve ir
Rezar e reconhecer seus pecados.
Nunca chegue atrasado na igreja,
Depois de se divertir diante da porta.

Quando você for para a igreja,
Tenha no espírito
Que você deve honrar seu Senhor,
Tanto de dia quanto à noite,
Com seu espírito e sua energia.
Na porta da igreja
Apanhe a água benta.
Cada gota sobre sua fronte
Perdoará um pecado venial.
Não esqueça de baixar seu capuz
Pelo amor por Aquele que morreu na cruz.
Na igreja
Você elevará seu coração em fraternidade para o Cristo.

Levante o olhar para a cruz
E fique de joelhos.
Que Ele o apóie em seu trabalho
Como deseja a Santa Igreja

E que Ele guarde os dez mandamentos
Que Deus ditou aos homens.
Suplique a Ele com humildade
Para o proteger dos sete grandes pecados
Para que em sua vida
Não haja nem preocupações nem guerras.
Peça a Ele
Um lugar no Céu.

Na Santa Igreja, abandone a sutileza,
A luxúria e a obscenidade,
Assim como sua vaidade.
E reze seu *Pater noster* e sùa *Ave*.
Não reze ostensivamente
Mas esteja em suas súplicas.
Se um dia você não puder mais rezar
Não perturbe os outros em suas devoções.
Sobretudo não fique nem sentado nem em pé,
Mas sim de joelhos no chão.
Quando eu ler o Evangelho

Você se levantará sem se apoiar sobre a parede
E você fará o sinal da cruz, se lhe tiverem ensinado.
Quando ecoar a Glória,
Quando o Evangelho for dito,
Você se ajoelhará.
Com os dois joelhos no chão,
Você adorará Aquele que nos remiu.
Quando soar o sino
Antes da Elevação
Jovens e velhos, vocês se ajoelharão
E elevando suas duas mãos
Vocês dirão:

Senhor Jesus, por seu nome que é santo,
Livre-me do pecado e da vergonha.
Absolve meus pecados e dê-me a comunhão.
E poderei seguir purificado
Para que eu não morra em estado de impureza.
Você, nascido de uma virgem,
Faça com que eu nunca esteja perdido.
Quando eu deixar este mundo,

Dê-me a felicidade eterna.
Amém, amém, assim seja.
Agora, graciosa dama, reze por mim.
Quando vier a Elevação, ajoelhe-se
E agradeça com fervor Àquele que tudo moldou.

Feliz é aquele que pôde ver um único dia
O Senhor.
É um bem precioso
Ao qual ninguém pode atribuir um preço.
Esta visão faz um bem tão grande,

Como disse Santo Agostinho no passado.
No dia em que você vir Deus,
Bebida e comida lhe serão concedidos.
Nada o poderá prejudicar,
Nem os insultos nem as zombarias,
Deus o acolherá no instante da morte.
Não tema a morte.
Quando o momento chegar, eu lhe juro,

Você terá os olhos abertos
E seus passos o guiarão
Para uma santa visão.
O Anjo Gabriel estará a seu lado
E manterá seus olhos abertos.
Dito tudo isso, é hora de terminar

Com relação à missa.

Assista ao ofício a cada dia.
Mas, se seu trabalho o impede,
Quando soarem os sinos,

Reze a seu Deus de todo o coração
E esteja com Ele em pensamento
Na cerimônia.
Eu lhe recomendo,
A você e seus Companheiros, escutar o que eu digo.
Diante de um senhor, em sua casa, na sala ou à mesa,
Tire o chapéu ou o capuz antes de falar.
Fica bem se inclinar duas ou três vezes
Diante desse senhor
Colocando o joelho direito no chão.

Você manterá sua honra.

Não cubra a cabeça
Enquanto não lhe disserem para fazê-lo.
Quando falar com ele,
Seja amável e franco.
Faça como diz o Livro da Lei
Fite-lhe os olhos amavelmente
E examine seus pés e mãos.
Evite se coçar ou tropeçar.
Não cuspa jamais, nem assoe o nariz.
Espere estar sozinho para fazê-lo.
Você tem grandes qualidades em você,
Mas aja humildemente.

Quando estiver na casa de um senhor
Seja simples.
Não faça alarde de seu nascimento
Ou de seus conhecimentos.
Não assoe o nariz e não se apóie na parede.
Uma educação honesta
Não pode permitir tais comportamentos.
A perfeição de seus gestos abrirá portas.
Pouco importa quem eram seu pai e sua mãe,
Digno é o filho que se comporta bem.
Onde quer que você vá, são as boas maneiras

Que fazem o homem.
Conheça seu próximo
A fim de lhe render a homenagem que lhe é devida.
Nunca cumprimente todas as pessoas ao mesmo tempo,
A menos que você as conheça.
À mesa, coma sem gula.
Suas mãos estão limpas,
Sua faca afiada?
Não desperdice o pão pela carne
Que você não comerá.
Se o homem próximo a você for de condição superior,

Ele se servirá
Antes de você.

Não pegue o melhor pedaço,
Aquele que você prefere.
Suas mãos devem estar limpas.
Não suje o guardanapo,
Ele não serve para você assoar o nariz.
Não limpe seus dentes à mesa.
Não esvazie sua taça,
Mesmo que tenha muita sede.
Não fique com a boca cheia
Quando falar ou quando beber.
E se um homem próximo a você
Se puser a beber mais que o razoável,
Interrompa seu discurso,
Esteja ele bebendo vinho ou cerveja.

Tome cuidado para não magoar ninguém
Mesmo que ele pareça disposto a magoar você.
Não maltrate ninguém
Se você quiser manter sua honra.
Palavras podem ser ditas
Que seriam lamentadas.
Guarde seu sangue frio,
Você não terá arrependimentos.
Na sala, em companhia de graciosas damas,
Fique calado e observe.
Evite rir ruidosamente
E gritar como um libertino.
Fale somente com seus pares
E não conte tudo que você ouviu.
Não é necessário dizer o que você faz
Por ostentação ou por interesse.
Maravilhosos discursos podem auxiliá-lo,
Mas também levá-lo à sua perdição.
Se você encontrar um homem de valor,
Mantenha a cabeça nua.

Na igreja, no mercado ou nos bairros,
Cumprimente-o de acordo com sua linhagem.
Quando caminhar com um homem

De linhagem mais alta,
Caminhe ligeiramente atrás dele.
É sinal de bom gosto.
Deixe-o falar, mantendo sua calma.
Quando ele tiver terminado, diga o que tem a dizer,
Com prudência e moderação.
Nunca o interrompa,
Mesmo que ele esteja bebendo vinho ou cerveja.

Que Cristo, em sua grande graça,
Dê-lhes o tempo e o espírito
Para ler e compreender este livro,
Para que o Céu lhes seja a recompensa.
Amém, amém, assim seja.
Digamos isso em uníssono, por caridade.

A versão completa inglês/português está no site:
http://br.geocities.com/solabif/halliwell.html#topo

Editora Maçônica

A TROLHA

Redação, Diagramação,
Composição, Revisão, Arte-Final.

Av. JK, 1.635 – Sala 2 – Fone: (43) **3337-1982**
Fax: (43) **3326-0915**
CEP 86020-000 – Londrina – Paraná

Home Page: http://www.atrolha.com.br
E-Mail: redacao@atrolha.com.br